「福祉·理美容ガイドブック」

作成検討委員名簿 （敬称略、五十音順）

⚜ 安立　英雅	（株）シルバーサポート	東京都
⚜ 岡本　千鶴	（有）ビューティフルライフ	大分県
⚜ 葛城　優子	（有）ビューティフルライフ	大分県
⚜ 神田　　修	（有）カンテック	山口県
⚜ 木村　智美	（有）カンテック	福岡県
⚜ 木村　好孝	（株）美装モリタ商会（ふれ愛サロンひまわり）	岐阜県
⚜ 佐古みどり	（有）カンテック	山口県
⚜ 佐藤　英彦	（株）シルバーサポート	東京都
⚜ 新藤　康太	（株）シルバーサポート	東京都
⚜ 新藤　徳茂	（株）シルバーサポート	東京都
⚜ 竹山　智代	（株）美装モリタ商会（ふれ愛サロンひまわり）	岐阜県
⚜ 田中　晃一	（有）ビューティフルライフ	大分県
⚜ 中晴千恵美	（有）ビューティフルライフ	大分県
⚜ 東野伊都子	（有）テントウムシ	福井県
⚜ 東野　重揮	（有）テントウムシ	福井県
⚜ 福地　道昭	（株）モルティー（福祉事業部：ビューティーサポート）	静岡県
⚜ 古澤　章良	アルカス技術士＆労働安全コンサルタント事務所	神奈川県
⚜ 堀池　静香	（株）モルティー（福祉事業部：ビューティーサポート）	静岡県
⚜ 安江　利之	（株）美装モリタ商会（ふれ愛サロンひまわり）	岐阜県
⚜ 山本　文子	（有）テントウムシ	福井県

作成協力・アドバイザー （敬称略、五十音順）

⚜ 衛藤　恭男	（株）大分医業経営企画
⚜ 古川　雅英	（医）敬和会 大分岡病院 副院長 形成外科部長 創傷ケアセンター長
⚜ 松尾　清美	（大）佐賀大学 准教授：（一社）こうしゅくゼロ推進協議会 代表理事
⚜ 松本　健吾	（医）敬和会 大分岡病院 形成外科医
⚜ 山形　茂生	コネクトリハビリテーション代表：作業療法士

はじめに

　わが国では超高齢社会を迎え、自由に外出することが困難な高齢者人口が急激に増加しています。近年では、理容所・美容所（以下、'店舗'）への来所に介助を必要とされる方も多く、家族の同行や介護タクシー等を利用して来店される方、車椅子の方等の方々への対応（以下、'福祉·理美容'）も重要なものとなります。また、一部の医療機関（以下、'病院'）や介護・福祉施設（以下、'施設'）には、店舗または理美容スペースを併設している場合もありますが、大多数の病院・施設内には併設されておらず、訪問理容や訪問美容への需要が高まってきています。

　われわれが福祉理容・美容または訪問理容・美容（以下、総称して福祉·理美容という。）を提供する方々は、高齢の方、障がいのある方、病院に入院されている方、自宅で療養されている方などさまざまです。これらの方々の中には、心身機能や免疫力が低下している方も多く、安全な福祉·理美容を実施するには特別な配慮やきめ細やかなサービスが求められることから、一般の方に対する以上に **"安全への対応"** が強く求められます。

　地域包括ケアの時代を迎えて、理美容提供時の技術やサービス（以下、'施術'）、衛生管理等におけるさまざまなニーズの変化への対応が求められているのです。本書では、施術を提供するスタッフの方々の安全意識の向上やヒヤリハット活動を中心としたリスク管理への取り組みについて記述していますが、基本として忘れてならないのは、**"法令の順守"**[注1]と**"人権の保護"**[注2]だと考えています。そして、この二つの理念を念頭に置き、事故の未然防止に取り組み、組織内に事故防止と業務改善へと繋がる風土を確立し、安全・安心・快適な福祉·理美容を提供していただけることを心より願っております。

（注1）法令の順守
理容師法、美容師法や出張理容・出張美容に関する衛生管理要領など関係法規並びに各都道府県等の条例及び要綱等をご確認ください。

（注2）人権の保護（個人情報の保護）
福祉·理美容においては、医療機関、福祉施設、自宅等へ訪問して技術・サービスを行うことがありますが、そこで知り得た情報に関しては個人情報の保護に努め、利用者（患者・入居者等）やその関係者機関（病院・福祉施設）等への権利や利益を不当に侵害することのないように配慮する必要があります。また、感染症等の知り得た情報に関する扱いにおいては、人権に十分配慮し関係者に対する差別や偏見を排除する必要があります。これらは、訪問業務に限定されるものではなく、店舗における配慮や取扱い、管理についても同様です。

目　次

はじめに　………………………………………………………………………… i

序　説

1. 本書の目的（リスク管理と安全意識の高揚）　…………………………… 3
2. 用語の解説　………………………………………………………………… 4
3. 福祉·理美容業務のリスクとその防止　…………………………………… 7
　3.1　リスク管理について
　3.2　福祉·理美容のリスク
　3.3　事故防止手法の種類と特徴
　3.4　ヒヤリハットと KY（危険予知）
　3.5　業務改善に向けた組織風土づくり

第1編　ヒヤリハット、クレーム情報を活かしたリスク管理
（福祉·理美容師のためのヒヤリハット、クレーム報告活動）

第1章　ヒヤリハット等報告制度　………………………………………… 15
　1. ヒヤリハット報告とクレーム報告
　2. ヒヤリハット／クレーム情報の収集と分析
第2章　ヒヤリハット・クレーム報告活動の実践　……………………… 19
　1. ヒヤリハット・クレーム報告活動の導入と進め方
　　1.1　推進体制の構築
　　1.2　報告書の記載方法と範囲
　　　演習(1)：「ヒヤリハット報告書の記入」
　　1.3　提出の流れ
　　1.4　情報の収集
　　1.5　情報の分類・整理・評価
　　1.6　情報の分析
　　1.7　改善対策の立案
　　1.8　改善対策の実施
　　1.9　実施結果の検証・評価
　　1.10　終了（記録）

1.11 報告書の取扱いと留意点

1.12 情報の蓄積と活用

演習⑵：グループ討議／「なぜなぜ分析」と「改善対策検討」

2. ヒヤリハット・クレーム報告活動活性化のポイント

第3章 ヒヤリハット・クレームに基づく改善対策の事例 ……………………… 39

1. 理美容サービスにおける事例

2. 医療施設における事例

第4章 クレーム防止のための心得（安全・安心な業務遂行のために） ……………… 43

1. 基本的事項

2. 具体的対応

第5章 クレーム発生時の対応 ……………………………………… 49

1. 「クレーム」と認識するための基本姿勢

2. クレーム対応の留意点

3. クレーム受付時の留意点

第6章 添付資料 ………………………………………………… 51

①ヒヤリハット報告書（例1）

②ヒヤリハット報告書（例2）

③クレーム報告書（例）

④ヒヤリハット・クレーム報告のフロー（例）

⑤事故例で考える賠償責任

第2編 危険予知で安全の先取り（福祉・理美容師のための危険予知訓練）

第1章 今 なぜ危険予知訓練（KYT）か !? ……………………………… 59

1. 福祉・理美容活動の目指すもの

2. "安全"の確保のために

3. 社会環境の変化

第2章 KYTのすすめ ……………………………………………… 63

1. KYTの生い立ち

2. KYTって何？

3. 指差呼称との合体

第3章 KYTの活かし方 …………………………………………… 67

1. KYTとKYK

2. KY活動のいろいろ

3. チームレベルのKY

4. 一人レベルのKY

第4章　KYT をはじめる前に　………………………………………………………… 69
　　1. 本書の使い方
　　2. ポイントはどこか？
　　3. 本音で本気に話し合う
　　4. 話し合いを活かす
第5章　KYT（4 ラウンド法）の進め方　………………………………………… 73
第6章　KYT のモデルとシート記載例　………………………………………… 77
第7章　KYT 4 ラウンド法演習　………………………………………………… 81
第8章　イラストシート集　………………………………………………………… 87
　　1. イラストシート
　　　（1）病院・施設（院内・施設内サロン）における場面
　　　（2）在宅における場面
　　　（3）移動理美容車における場面
　　　（4）ベッドサイドにおける場面
　　　（5）感染対策のための場面
　　　（6）理容室・美容室における場面
　　　（7）フットケアにおける場面
　　　（8）運転における場面
　　2. 各イラストシートのポイント

一般社団法人 日本福祉理美容安全協会® の活動紹介　……………………… 114
一般社団法人 日本福祉理美容安全協会®：WBS® 会員名簿　………………… 116
おわりに　………………………………………………………………………………… 118
著者プロフィール　……………………………………………………………………… 120

序　説

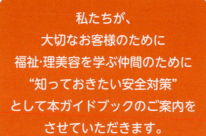

私たちが、
大切なお客様のために
福祉・理美容を学ぶ仲間のために
"知っておきたい安全対策"
として本ガイドブックのご案内を
させていただきます。

在宅などへの訪問とサロンで
特別な配慮を必要とする
お客様への対応ですね！

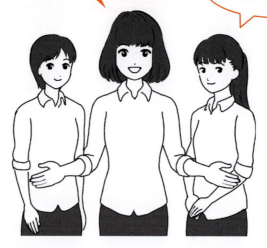

1．本書の目的（リスク管理と安全意識の高揚）

　高齢者や障がい者、入院患者等特別な配慮を必要とする利用者への訪問理美容、および店舗での理美容の提供（以下福祉·理美容）は、これまでの理容所、美容所とは異なり、高齢の方や障がいのある方等で、外出が不自由な方々のもとへ訪問し業務を提供する、または店舗においてこれらの方等を受け入れ施術を行うものです。

　従って、訪問先である病院、高齢者施設、障がい者施設等や個人の自宅または介助の必要な方々を受け入れる店舗での理美容技術やサービス提供の全般における安全性・施術や接客の質・業務効率などについて見直し、より善く改めることが求められます。

　この業務改善に取り組むことが、福祉·理美容の現場における、事故の未然防止を基本とした「利用者が安心して安全なサービスを受けられる」という当たり前（ですが決して簡単ではない）のサービスの提供が可能となるのです。また、このことが利用者サービスの質の確保から向上へと繋がることにもなります。

　本書第1編では、「ヒヤリハット報告」とサービス業として重要な「クレーム報告」への取り組みから、福祉·理美容の安全・安心を確保し、理美容サービスの質の向上に取り組むために、まず問題点の「見える化」を考えます。それを起点として、組織全体での情報共有化により事故の未然防止や再発防止策を講じるなど、理美容師が自ら改善を積み重ねることで、結果として現場におけるリスク管理の基礎が構築されることを目的としています。

　続く第2編では、製造現場や医療・介護・福祉の分野などで活用され、事故の未然防止に大きな効果を上げている「危険予知訓練（KYT）」を福祉·理美容サービスの現場へ応用し、事故予防の効果を最大限に高めることを目的として作成しました。

　危険予知訓練とは、皆様が日々の業務の中で「何かおかしい」「危ないかもしれない」といった危険を予知する能力を高める取り組みです。皆様一人ひとりがこのような危険に対する感受性を高めれば、事故を未然に防ぐことが大いに期待できます。

《ご留意いただきたい事項》
本書は、福祉·理美容の安全・安心・快適な業務の提供を目的に制作致しました。個々の記載の内容や事例が各事業所の状況にそぐわない事柄もあるかもしれません。そのような場合には、より現状に合わせた改訂を行い、かつ定期的な見直しを行うことが、実効あるリスク管理体制の構築につながることになります。

2. 用語の解説

（1）福祉·理美容

　高齢者、障がい者、入院患者等特別な配慮を必要とする利用者への訪問および店舗での理美容の提供をすることです。

　今後増加する高齢者等へ対応するためにも福祉·理美容の質の向上を目指し、より安全な（介助や感染対策等を含む）技術やサービスを提供することが不可欠であり、このことが一般の理美容との大きな違いとなります。

（2）施術事故（アクシデント）

　理美容に関わる場所で、施術の過程※において発生する全ての人身事故のことで、ケガ、生命の危険、病状の悪化等の身体的被害および苦痛、不安等の精神的被害などを指します。なお、施術従事者の過誤、過失の有無は問いません。

※ "施術の過程" とは、施術行為に限らず、サービス提供時の全ての行為を含みます。

（3）施術過誤

　施術の過程において主に施術者の過失により、利用者の心身に何らかの被害を発生させることです。

　この過誤は、施術従事者の誤認識やうっかりミスによって引き起こされますが、背景には施術者個人の特性だけでなく、施術場所の設備の不備、組織の安全管理の仕組みや方法の不備などが考えられます。

　また、過誤には "やるべきことを正しく出来なかった" ものと、"やるべきことをやらなかった" ものの二つのケースがあります。

　法的には①過失があったこと（注意義務違反）、②結果が生じたこと（被害の発生）および③両者に因果関係が存在することが問題となります。

（4）ヒヤリハット（インシデント）

　事故には至らなかったが、適切な措置が講じられないと事故につながる可能性があることです。日常の行為の中で "ヒヤリ" としたり "ハッ" としたりした経験のことを指し、その行為や状態が見過ごされたり、気付かずに実行したときに、何らかの事故につながる恐れのあることをいいます。この場合、スタッフの過誤、過失の有無は問いません。

　具体的には、ある施術行為が、①利用者には実施されなかったが、仮に実施されたとすれば何らかの被害が予想される場合、②利用者には実施されたが、結果的に被害がなく、また、

その後の観察も不要であった場合等を指します。

なお、この "ヒヤリハット" の主体は "サービスの提供者（施術スタッフ）" です。

(5) きがかり

"ヒヤリ" としたり "ハッ" としたことではないが、日常の業務の中で、そのままにしておくとヒヤリハットや事故につながりそうな、何となく "きがかり" な状況のことです。ヒヤリハットほど事故の発生に近い状況ではないが、本人の経験に裏づけられた "危険に対する虫の知らせ" であり、これを拾い出して分析・評価・対策につなげることは事故の未然防止に有効です。

(6) クレーム

お客様（利用者以外にも家族、施設・病院関係者などを含む）からの不満足の表明で、その対応または解決が明示的または暗示的に期待されているもののことです。その対象は、施術行為そのものにとどまらず接客態度まで広い範囲を含み、満足・不満足の区分も人によって異なります。

なお、この "クレーム" の主体は "サービスの利用者（顧客およびその家族、病院、施設など）" です。

(7) リスク管理

事故を未然に防ぐこと並びに発生時に適切な対策を講じて損失を最小化するために仕組みを整備するとともに組織的な体制を構築し、リスクの把握、分析、対策、評価を継続的に行うことです。リスク管理は、①リスクの把握、②リスクの分析、③リスクの対策、④対策の評価、といった一連の問題解決プロセスで行います。

(8) 地域包括ケアシステム

訪問医療や看護、介護を受けながら、住み慣れた地域で自分らしい暮らしを人生の最後まで続けることができるようにするためのケアシステム。団塊の世代が75歳以上となる2025年を目途の構築を促しています。（厚労省HP参考）

本書では、訪問理美容師が介護労働者として安全と衛生の順守を理解して、状況・状態が変化しても、その方らしく容姿を美しくまたは整えることで自分らしさを最後まで支えることに貢献できることを示唆しています。P.6の(9)を参照ください。

地域包括ケアシステム

○ 団塊の世代が75歳以上となる2025年を目途に、重度な要介護状態となっても住み慣れた地域で自分らしい暮らしを人生の最後まで続けることができるよう、住まい・医療・介護・予防・生活支援が一体的に提供される地域包括ケアシステムの構築を実現していきます。
○ 今後、認知症高齢者の増加が見込まれることから、認知症高齢者の地域での生活を支えるためにも、地域包括ケアシステムの構築が重要です。
○ 人口が横ばいで75歳以上人口が急増する大都市部、75歳以上人口の増加は緩やかだが人口は減少する町村部等、高齢化の進展状況には大きな地域差が生じています。
地域包括ケアシステムは、保険者である市町村や都道府県が、地域の自主性や主体性に基づき、地域の特性に応じて作り上げていくことが必要です。

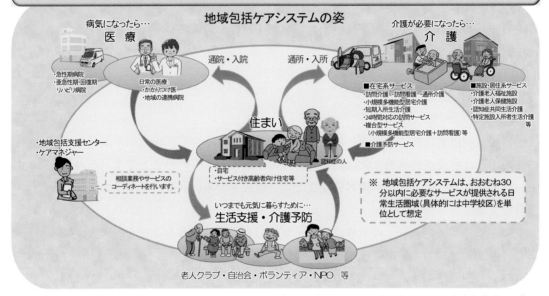

（出典：平成28年3月 地域包括ケア研究会報告書より）

(9) 訪問理美容サービス

訪問理美容サービスは、福祉サービスまたは保健医療サービスに準じる介護関係業務になります。

介護労働者の雇用管理の改善等に関する法律施行規則第1条29号に基づく労働大臣定め第17号に規定された労働省職業安定局長の認める「福祉サービスまたは保健医療サービス」に準じるものとして「移動理美容車や出張理美容チームによる訪問理美容サービス」を指定し平成12年12月1日より適用されましたが、現在も厚生労働省で適用されています。
（職発第674号を要約）

3. 福祉・理美容業務のリスクとその防止

3.1 リスク管理について

　安全・安心・快適な福祉・理美容サービスを提供するためには、業務遂行に伴う事故やクレーム等につながる色々な危険要因（リスク）を事故やクレームという形で発生する前に発見し、是正・排除する必要があります。さらに、万が一発生してしまった場合、被害や損失を最小限にとどめる方策を事前に考えておくことも必要です。この、発生させないための「予防」と、被害や損失を最小限にとどめるための「事後対策（善後策）」の両方の備えがあって、はじめて「リスク管理（リスクマネジメント）」が成立します。
　下図にリスク管理不在の状態から、リスク管理の構築に至るフロー（流れ）を示します。図表が示すように、リスク管理とは、"事故を未然に防止すること（安全管理の充実と徹底）"と"事故発生時に適切な対策を講じることにより損失を最小化すること（緊急対応体制、教育訓練など＋保険）"なのです。

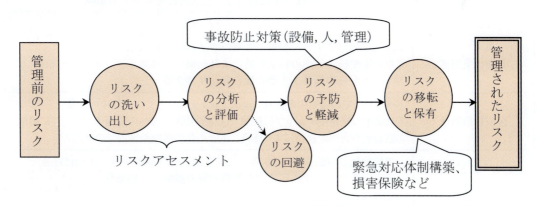

「リスク管理のフロー（流れ）」

　理容所・美容所にとって、これまでの歴史の中でリスク管理の意識は希薄であり、技術職プラスサービス業として重要視されてきたことは一番にクレーム対策でした。なぜなら、技術的不満やサービス提供にあたっての対応不足等は店の信用や顧客満足に直結し、売上や風評に大きく影響することになるからでした。しかしながら、福祉・理美容サービスは店舗内でおこなわれる業務でも高齢者や障がい者の方など一般のお客様とは異なるリスクの存在を想定する必要があります。ましてや訪問理美容においては、理美容師がこれまで経験していない医療機関や福祉施設、個人宅等へ出向いて施術を提供するため、新人からベテラン技術者までが管理者の元から目の届かない環境・状況下での仕事をするということであり、事故を起こさないための予防と、起きてしまったときの適切な措置、すなわち"リスク管理"の導入・実施が重要になってくるわけです。
　そして、"リスク管理"を導入し根付かせるためには、経営者さらには事業に関わる組織全体の問題として、施術の質の向上に向けた目標を持ち、経営者および管理者の『全てはお

客様のために』という確固たる姿勢が重要となるのです。

　リスク管理体制の導入、構築、継続、向上に向けた取り組みを始めるにあたっては、何より経営者および幹部が方針を明確にし、組織全体へ体制の確立に向けて率先して取り組むことが重要です。これが、導入の成功と失敗を分ける大きなポイントといえます。

3.2　福祉·理美容のリスク

　高齢者や障がい者・入院患者等を主体とし、施術を提供する、福祉·理美容業務では、提供する際にスタッフが利用者の身体や財産にケガや事故・損害を与える危険性が常にあり、理美容事業者が損害賠償責任を追及される可能性があります。このような、理美容における事故に起因する損害賠償責任リスクに対応・対処するためには、どのようなリスクがあるのかを知る必要があります。次表に示すようなリスクの認識を事業主および全スタッフ（理美容師）が常に持つことが重要です。

「福祉·理美容に関わるリスクとは（主に訪問サービス時に想定される事例)」

区　分	想定される事例
介助作業関連	①送迎時のつまずき・転倒　②車いす送迎時の転倒転落 ③車いすや椅子等への移乗介助により転倒　④移動車リフトからの転落 ⑤ベッドからの転落　⑥その他の介助リスク等
医療施設関連	①ベッド上での施術中の転落　②ストレッチャー上での施術中の転落 ③点滴中の施術中チューブに接触　④気管切開の方への施術中チューブに接触 ⑤感染症の方への施術により感染　⑥その他の医療機関内でのリスク等
高齢者・障がい者の特性	①突然の動き（施術中）　②勝手に動き回る　③噛みつき　④つば吐き ⑤罵声・奇声　⑥認知症による業務内容の誤解　⑦感染症 ⑧その他施設内でのリスク等　⑨施術の拒否
その他	①施術提供場所がホールや廊下の場合の安全管理不備　②交通事故 ③契約内容の不備　④台風・雪・自然災害等よる交通障害　⑤労災事故 ⑥設備の不備　⑦盗難　⑧雇用条件等　⑨その他

3.3　事故防止手法の種類と特徴

　前述の通り、リスク管理とは"事故の未然防止"と"発生時の損失の最小化"の二つの要素で成り立ちますが、とりわけ前者の"未然防止"がより重要であることは言うまでもありません。次の図は海に浮かぶ氷山をリスクの様相と対比して示したものです。水面上に見えるのは事故やクレームおよび報告されたヒヤリハット情報ですがそれは全体のほんの一部に過ぎません。一方で、水面下には報告されないヒヤリハット情報や不安全な行動、不安全な状態などの事故のリスク要因がはるかに多く潜在しているのです。ここではそれらのリスクの状態に対応した代表的な事故防止手法を紹介します。

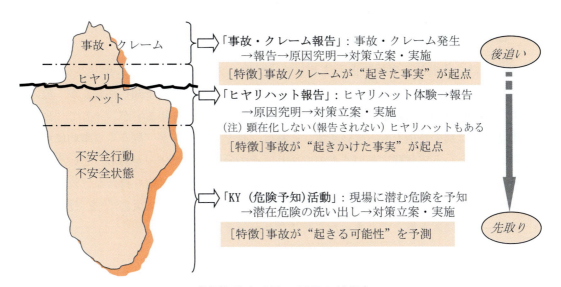

「事故防止手法の種類と特徴」

(1)「事故／クレーム報告」

　一般に企業では、事故や労働災害が起こった場合、「事故報告書」に発生日時、場所、事故発生状況、原因（推定を含む）等を記入して社内の所管部署に提出します（労働災害の場合は所轄労働基準監督署に届けます）。その後、報告内容や現場確認を行い、対策を立案・実施するとともに、今後、同種の事故が起こらないように情報共有を図ります。これは"事故が起きた事実が起点"となるもので、どちらかといえば「後追い」の事故防止手法といえます。また、このレベルでの安全管理の目標は「事故ゼロ」、すなわち結果としての事故発生件数を低減することに軸足を置いたものです。「クレーム報告」も"クレームが発生した事実が起点"になるので同じことといえます。

(2)「ヒヤリハット報告」

　結果として事故（災害）には至らなかったものの、個々人が職場や現場で"ヒヤリ"としたり"ハッ"とした体験を「ヒヤリハット報告」という形で収集し、原因を究明して予防対策を立案・実施するものです。これは"事故が起きかけた事実が起点"となるもので、「事故（災害）報告書」による手法よりも一歩進んだ事故防止手法といえます。

(3)「KY（危険予知）活動」

　職場（現場）に潜む、"事故（災害）につながる危険を予知（予想、イメージ）"し予防対策を立案・実施するものです。これは"事故が起きる可能性を予測"するもので、「危険を先取り」する事故防止手法といえます。このレベルでの安全管理の目標は「危険ゼロ」、すなわち結果としての事故発生件数の低減ではなく、事故（災害）につながる潜在危険要因をなくすことに軸足を置いたものです。

3.4 ヒヤリハットとKY（危険予知）

　業務における代表的な事故防止手法として「事故／クレーム報告」「ヒヤリハット報告」「KY（危険予知）活動」を紹介しました。この中では、「KY（危険予知）活動」が"危険の先取り""危険感受性の醸成"を目的にした先進的な手法ではありますが、一方で「ヒヤリハット活動」は別の特徴ももっています。それは、ヒヤリハットが"危うく（幸いにも）事故を免れた"という実体験に基づくものであり、その分リアリティーがある、ということです。そして、図「ハインリッヒの法則」に示されるように、何も対策を打たなければ、いずれは大事故につながる前兆でもあるということです。この"大事故（災害）"を"施術事故"や"クレーム"に置き換えてもまったく同じことが言えるわけです。

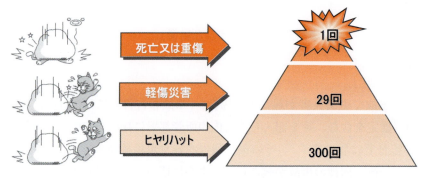

「ハインリッヒの法則」

「ハインリッヒの法則」とは、アメリカの損害保険会社の安全技師ハーバード・ウイリアム・ハインリッヒが1929年の論文の中で発表した法則です。上図に示すように、1件の"重篤（死亡または重傷）な災害"の背後には29件の"軽傷災害"があり、さらにその裏には300件もの"ヒヤリハット"が存在している、というものです。

　本書では第1編でヒヤリハットやクレーム情報を活かしたリスク管理について、第2編で一人ひとりの危険に対する感受性を高めるKYT（危険予知訓練）について学びます。

3.5　業務改善に向けた組織風土づくり

　「ヒヤリハット報告」「クレーム報告」「事故報告」「KY活動」などの具体的な事故防止・予防や安全意識の向上と、それらを包括するリスク管理体制を構築するためには、何事についても気軽に話し合える風通しのよい組織の風土づくりが大切なことといえます。上司が事案ごとにこと細かく問題点の指摘をするとか、上司の顔色を気にして事実と異なる内容の報告書が提出される等の組織風土から健全なリスク管理の道は拓かれません。経営者および幹部は全員が一致して、これら報告活動や業務改善に取り組み、自らが組織づくりに参加し、

安全・安心・快適（良質）なサービスの提供に結び付けるという組織的風土を心がけることが重要です。

さらに、経営者、幹部スタッフ、理美容師スタッフ、営業スタッフ、事務スタッフ等の全社員の参加で取り組み、意義や目的を理解し、連携して推進することが重要です。また、各報告書や改善策の内容が直接現場の第一線で業務を遂行する理美容師スタッフに周知徹底され、理解納得が得られ、且つ報告する行為に不利益が生じない仕組みづくりに留意することも大切です。

リスク管理と業務改善の関連を示します。

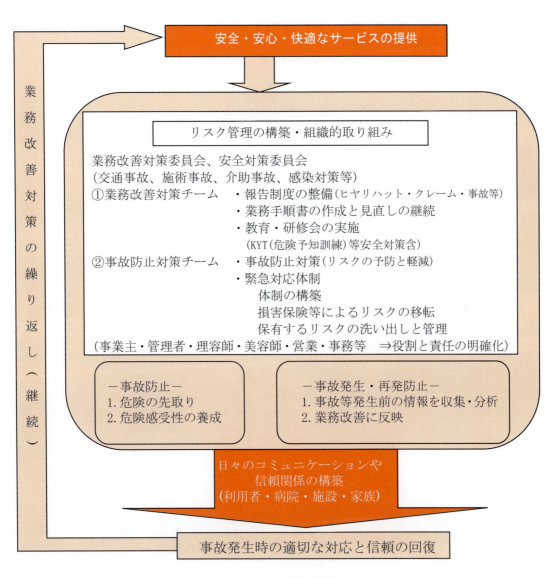

「リスク管理と業務改善の関連イメージ」

第1編

ヒヤリハット、クレーム情報
を活かしたリスク管理

（福祉・理美容師のためのヒヤリハット、
クレーム報告活動）

第1章では、私たちがとても大切にしている「クレーム」と「ヒヤリハット」の関係となぜ必要なのか？理解を深めましょう。

第1章 ヒヤリハット等報告制度

chapter 1

1．ヒヤリハット報告とクレーム報告

（1）ヒヤリハット報告

　施術準備中に利用者が椅子から立ち上がろうとした、顔剃り中に突然顔を動かした、が幸い事故にはならなかった。このような事象は福祉·理美容業務において容易に考えられることでしょう。このように"ヒヤリ"としたり"ハッ"としたことは、"たまたま事故にはならなかった"ということであって、裏を返せば、いつ事故になってもおかしくないということでもあります。つまり、ヒヤリハットとは「事故や災害として顕在化はしなかったが、危うく事故・災害になりそうになった事象」といえます。これを「事故・災害にならなくてよかった」で済ませてしまうと、同じようなヒヤリハット事象が繰り返し発生し、いつかは大きな事故・災害に見舞われることになります。

　そこで、たまたま（偶然に）事故にならなかったことを幸いとして、ヒヤリハットの体験者から情報を提供（報告）させて、ヒヤリハット事象の解決を図ることは、将来起こうる重大事故の芽を摘み取ることになるのです。つまり、「ヒヤリハット報告」は、事故や災害の未然防止のための貴重な情報収集の手段であるといえます。

　なお、この"ヒヤリハット"の主体は"サービスの提供者（施術スタッフ）"です。

（2）クレーム報告

　サービス業としての理美容において業務上のクレームは企業の信用やイメージを損なう源となります。クレームの中には重大事故につながる案件も含まれており、対応については十分な対策と配慮が必要です。福祉·理美容においては、利用者（顧客）のみならず、病院・施設または家族、介護従事者等、周辺の関係者への信頼を損なうことにもつながります。結果として失客や、契約の解除または高額の損害賠償を請求される可能性もあり、自社のみならず福祉·理美容業事業全般への信用やブランドに傷が付き場合によっては事業を継続することが出来なくなることすらあり得ます。したがってクレーム発生時点での当事者（スタッフ）の対応と上司への迅速な報告・連絡・相談を行うことが重要です。また対処については適切かつ誠意ある言動や判断が求められます。社員一人ひとりが当事者になりうるため、クレーム対策は会社全体として取り組むべき重要課題といえます。なお、この"クレーム"の主体は"サービスの利用者（顧客およびその家族、病院、施設など）"です。

【解説】「ヒヤリハット」、「きがかり」、「クレーム」の関係

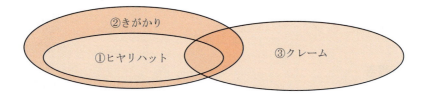

"①ヒヤリハット"は事故が起きかけたが幸いにも回避できたこと、"②きがかり"はそのままにしておくとヒヤリハットや事故につながりそうな、何となく"きがかり"な状況のことです（「用語の解説」参照）。いずれも事故やケガなど安全に関わる概念です。一方、"③クレーム"は利用者側の不満足の表明であり、その要因が安全に関わるものもありますが（上図で重なる部分）、接客態度や要求が満たされなかったことなど安全とは直接関係ないものも多くあります。この違いを認識して、情報の収集・分析・対策立案をすることが重要です。

2．ヒヤリハット／クレーム情報の収集と分析

(1) ヒヤリハット情報の収集と分析

【収集】ヒヤリハットの情報を集めて事故の芽を摘む活動に結びつけるには、先ず"報告してもらう"ことが第一です。そのためには次のような点に留意する必要があります。
①現場のスタッフが気軽に書き込めるように、簡単なメモ（報告書）を用意します。
　その場で、簡単に記入できるよう工夫されたA5サイズの用紙を、職場に設置したボックスに用意し、気軽にその場で記入できるようにしている事例もあります。
　ヒヤリハット報告書（例）…添付資料－1，2「ヒヤリハット報告書（様式－1，2）」
（P.52、53）参照
②ヒヤリハットの報告によって、勤務評定など、申告者に不利な扱いをしないことを明言します。
③ミーティングなどを通して、ヒヤリハット活動の重要性を関係者に納得してもらいます。
④報告件数至上主義にならないように留意します。
⑤定期的に結果をまとめ、対策および改善実施を関係者全員に知らせます。

【分析】ヒヤリハット報告活動を実施しているのに同じようなヒヤリハットが繰り返し発生するケースがあります。その背景に、しっかりした原因分析が行われず、的確な対策が講じ

られていない、ということがあります。ヒヤリハットがあった時に、「本人の不注意」として片付けているケースなどです。「なぜ注意をしなければならないような（危険な）仕事を与えていたのか」「なぜ注意が途切れても事故にならないような対策がとられていなかったのか」「なぜ注意が途切れたのか」など、より深い原因分析を行って対策を講じてこそヒヤリハット情報を危険ゼロ職場の構築に活かすことができるのです。

(2) クレーム情報の収集と分析

　「クレーム情報の収集と分析」も基本的には前述の「ヒヤリハット情報の収集と分析」と同じです。ただし、クレーム報告活動の場合は、以下に述べるように、重要性の視点がヒヤリハット報告活用とは異なりますので、その点を関係者に理解・納得してもらう必要があります。

　クレーム報告書（例）を添付資料－3（P.54）に示します。

《クレーム情報活用の意義》

　クレームの原因となる不満足は、お客様がもともと抱いていたサービスに対する期待と実際のパフォーマンスを比較し、期待がパフォーマンスを上回ってしまった場合に生じるものです。期待通り、または期待以上であった場合、不満足は発生せず、満足の状態となります。つまり、クレームはお客様の期待の裏返しとして発生し、クレームを知ることはお客様の期待を知ることと同じ意味合いを持つということです。従って、適切にクレームに対応し、信頼を取り戻すことができれば、そのお客様はその後の得意客となる可能性が高いともいえます。

　また、クレーム対応プロセスの中で集められたクレーム情報は、お客様の期待を含み、業務改善や新たな開発に役立てることもでき、顧客満足度の向上に大きな役割を果たすものです。クレーム対応はこのような側面からも重要な活動であるといえます。

≪ワンポイントアドバイス≫　　積極的情報収集のすすめ

ここでは、ヒヤリハットやクレーム情報の収集について述べましたが、そこに至る前に収集すべき情報があります。

それは、お客様の動作介助を行う場合、ご本人・ご家族に具体的にどのようなことをお手伝いしたらよいか、事前に伺うことです。

まさに"転ばぬ先の杖"といえます。

第2章 ヒヤリハット・クレーム報告活動の実践

1．ヒヤリハット・クレーム報告活動の導入と進め方

　ヒヤリハット・クレーム報告等の活動は、リスクマネジメントの一環として、現場で起きたクレームやヒヤリハット等の情報を収集し、事故防止や再発防止のための対策や改善策につなげるように活用する取り組みと位置付けます。

　活動全体のフロー（流れ）図表1－1に示すとともに、個々の活動の進め方について解説します。

　なお、〔　〕内の数字は、次ページ以降の項目番号を示します。

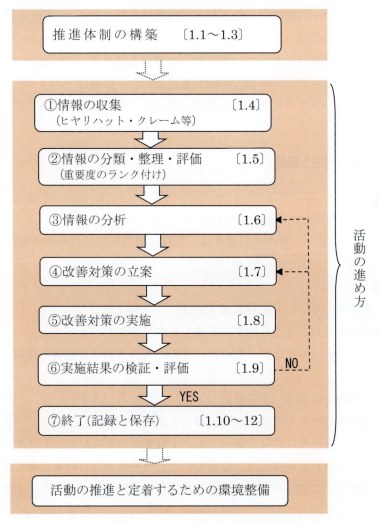

図表1－1　ヒヤリハット・クレーム報告活動のフロー

1.1　推進体制の構築

　ヒヤリハット・クレーム報告活動をどのように進めるか活動の枠組みをデザインし、具体的な活動体制・体系の構築、推進計画の作成および帳票類の作成を行い、報告および措置の手順・方法などに関する推進マニュアルや措置基準を作成します。

　推進体制の参考例として、添付資料－4「ヒヤリハット・クレーム報告のフロー（例）」（P.55）を参照ください。

≪推進体制づくりのポイント≫

①必要性・有効性を明確にし、この活動を生きたものにするためにはどんな情報が必要なのかを現場のスタッフ（報告者）の目線で明確にする。

②業務改善活動全体の中での、相互関係・因果関係を整理し、ヒヤリハット・クレーム報告活動の位置づけを明確にし、他活動との有機的結合を図る。（添付資料－4参照）

③階層別・機能別の役割（責任）分担を明確にするとともに報告者とのコミュニケーションを密に行い、現場のスタッフ（報告者）の参画意識を高める。

④なぜヒヤリハット・クレーム報告活動が重要なのか、情報はどのように活用されて、どのように役立つのかを全スタッフが誤解のないよう十分に説明する。

1.2　報告書の記載方法と範囲

（1）報告書の様式

　添付資料－1「ヒヤリハット報告書（様式－1，2）」、添付資料－2「クレーム報告書（様式－1）」を参照ください。報告書の様式は、情報活用の目的に合わせ決定します。

（2）記載方法

①現実に生じた事実に基づいて記載します。

②状況を具体的かつ要点を分かりやすく記載します。

③発生後の報告と対応・処置を行ったのか、また、当事者および顧客の体調・状態も記載します。

④施設や家族への報告と説明、その対応および反応を記載します。

⑤記憶の新しいその日のうちに速やかに記載します。

⑥記載方法や記入の表現等に迷った場合、上司や同僚等へ直ちに相談します。

⑦後から報告書へ加筆および修正（二重線で修正）する場合は日付を記載します。

⑧報告書の用紙はすぐに書けるように常備し簡単に取り出せるようにしておきます。

※5W1H（いつ（When）、どこで（Where）、誰が（Who）、何を（What）、なぜ（Why）、どのように（How））を意識して記載します。

(3) 範囲

①どんな小さなミスやトラブル（お客様に直接影響がない場合も含みます）でも、"これは"と感じたことを記載します。

②今後、問題や事故につながるのではと気になること（きがかり）も記載・報告します。

③業務に関することおよび出社から退社までの全ての事柄が対象となります。

演習(1)：「ヒヤリハット報告書の記入」

【課題】下記に示すヒヤリハットの発生事案について報告書を作成して下さい。

【ヒヤリハット発生状況】

昨日、あなたは、午後１時～３時の予定でA特別養護老人ホームを訪れ施術を行っていました。予定の人数がほぼ終わりかけた２時40分ごろ急遽１名追加の指示がリーダーからありました。余裕時間のない中で、次の現場との調整をどうするのか同僚のスタッフに聞こうと振り返った時に利用者（認知症）が突然立ち上がる気配を感じ、あわてて支えようとして、持っていたハサミで危うく利用者の耳を切りそうになりました。

【使用する報告書】「ヒヤリハット報告書〔様式－１〕」（添付資料－１）

1.3　提出の流れ

(1) 原則として提出は当日中に行うものとします。やむを得ず翌日になる場合は、マネージャー（上司）にその旨報告します。

(2) 当事者（報告者）からチームリーダーまたは担当マネージャー（担当上司）、最終的には経営者へと、会社規程に従って提出および報告します。参考例として、添付資料－４に「ヒヤリハット・クレーム報告のフロー（例）」を示していますので参照ください。

1.4　情報の収集

報告書として上がってきたヒヤリハット・クレーム情報を収集します。

情報の内容として図表１－２に示すようなものが考えられます。

図表1-2　集める情報の種類別内容

ヒヤリハット情報	クレーム情報	（参考）事故情報
①業務全般において事故が起こるかも知れないと感じてヒヤリとしたりハットした出来事 ②業務全般において何となく気がかりになって万が一には、事故に繋がるのではと思ったこと ③業務全般においてうっかりして起こった出来事 ④通勤および訪問に関する運転における出来事 ⑤感染症関連	①利用者、家族、病院・施設からの不満・苦情 ②アンケートはがきによる不満・苦情	①アクシデント （介助・施術事故） ②施術過誤（ミス）

1.5　情報の分類・整理・評価

(1) 情報の分類

　ヒヤリハット・クレーム等の情報を分析し業務改善につなげるためには、適切な情報の分類・整理が重要です。

　分類方法はさまざまですが、まず大分類としてヒヤリハット報告なのかクレーム報告および事故報告なのかを分類します。

・記載者自身も迷って記入した報告書も出てきますので本人への確認も必要な場合もあります。

・ヒヤリハット報告の中には、うっかり等の情報も入っています。

　分類の例を図表1－3に示します。なお、分類表はヒヤリハット情報と、クレーム情報の両方を含んでいます。図表・左欄にその区分を示しています。

　事例以外の分類や項目は自社に合ったものを作りましょう。

第1編　第2章　ヒヤリハット・クレーム報告活動の実践

図表1-3　情報の分類の例

		項　目	内　容	事　例　等
ク　レ　ー　ム　関　連	ヒ　ヤ　リ　ハ　ッ　ト　・　事　故　関　連	(a) 施術行為（スタッフ自身）に関わるもの	ア．お客様への説明不足	・希望のスタイルを確認せずに施術を行いそうになった
			イ．人違い	・お客様を間違えて施術を行いそうになった
			ウ．危険予知不足	・お客様が突然動き、頭皮や顔を傷つけそうになった
			エ．基本動作の不徹底	・洗髪やカラーリングの時、お客様の衣服を汚しそうになった
			オ．薬品の誤使用	・カラーリングの染め薬を間違えて調合しそうになった
			カ．知識・技術力不足	・手順を知らなかった・やりにくかった・難しかった
			キ．注意・確認不足	・うっかりしていた・ぼんやりしていた
			ク．過信、省略	・大丈夫だと思った・急いでいた
		(b) 利用者（お客様自身）に関わるもの	ア．転倒	・送迎している際、小石につまずき転倒しそうになった
			イ．転落	・車いすのブレーキをかけ忘れ、坂道を下り転倒しそうになって
			ウ．私物の忘れ物等	・お客様から預かっていたメガネを返し忘れかけた
			エ．損傷	・カットの最中、耳をハサミで切りそうになった
			オ．認知症	・自分ですると言った施術を終わった後「するとは言ってない」と言いだした
			カ．障害	・自分の意志とは反して身体が勝手に動いた
			キ．疾病	・施術後「B型肝炎です」と言われた
		(c) 管理に関するもの	ア．機器、設備の故障	・スタッフの持ち物での故障や忘れ物があった
			イ．施設管理上の不備 等	・備品（薬剤等）が足りなかった
			ウ．スタッフの配置	・忙しい現場でのスタッフの人数配置が不十分だった
			エ．情報伝達の不備	・お客様の要望が伝わっていなかった
		(d) 家族・各施設（第三者）に関わるもの	ア．施設	・本人は長めにカットの要望だが施設側は「長いので短く」と言う
			イ．家族	・本人は短めにカットの要望だが家族より「短い」と言われた
		(e) 接客応対に関するもの	ア．不適切な接客	・上から目線や赤ちゃん言葉での接客を行った
			イ．苦情に対しての応対	・謝罪が謝罪になっていなかった
			ウ．コミュニケーション不足	・「キツイ」と訴えたのに理解してくれなかった
			エ．カウンセリング不足	・希望のスタイルにならなかった
		(f) 会計に関するもの	ア．計算間違い	・二つ以上の施術をした時の計算ミス
			イ．関係書類の不備 等	・領収書、請求書などの書き間違い
			ウ．システム不備	・振込手数料の不備

23

(2) 情報の整理

　整理の方法としては項目ごと件数を集計し（図表1－4参照）、棒グラフや円グラフ等に表すと（図表1－5（1）（2）参照）、ヒヤリハットやクレーム・事故等の傾向が分かりやすくなります。

図表1－4　情報の整理の例

項　目	内　容	ヒヤリハット件数			クレーム件数			事故件数			計		
年　度		20	21	22	20	21	22	20	21	22	20	21	22
（a）施術行為に関わるもの	ア.お客様への説明不足	2									2		
	イ.人違い	1									1		
	ウ.危険予知不足												
	エ.基本動作の不徹底	5	3	4		5					5	8	4
	オ.薬品の誤使用												
	カ.知識・技術力不足	3				2					3	2	
	キ.注意・確認不足	3	2	2		2					3	4	2
	ク.過信・省略	2				2					2	2	
（b）利用者（お客様）自身に関わるもの	ア.転倒			1					1			1	1
	イ.転落												
	ウ.私物の忘れ物 等												
	エ.損傷	10	6	4						1	10	7	4
	オ.認知症												
	カ.障がい	3	1	1							3	1	1
	キ.疾病												
（c）管理に関するもの	ア.機器・設備の故障	12	5	2						3	12	5	5
	イ.施設管理上の不備 等	3		1						1	3	1	1
	ウ.スタッフの配置												
	エ.情報伝達の不備				3		1				3		1

図表1-5(1) (ヒヤリハットの内容別割合)　　図表1-5(2) (報告件数年度別比較)

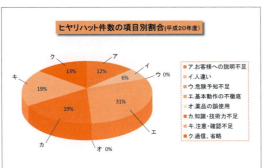
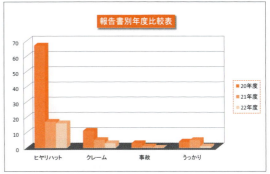

(3) 評価

　ヒヤリハット報告をランクや評価基準に当てはめて絞り込むことで、次のステップの改善対策の優先順位や自社での取り組むべき方向性が見えるようになってきます。

≪ヒヤリハットの発生頻度と事故につながる可能性の評価基準例≫

	目　安	評価ポイント
ヒヤリハット（発生頻度）	多い（頻繁）＝目安：1日1回以上	3
	時々＝目安：週1回程度	2
	少ない（滅多にない）＝目安：月1回程度	1
ケガ（疾病）の重大性	極めて大きい＝目安：重傷以上	3
	中程度＝目安：軽傷	2
	軽微＝目安：バンドエイド・湿布程度	1

（注）頻度・重要性の目安は参考です。

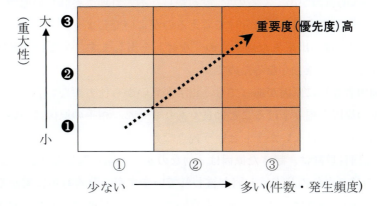

≪重要度のランク付け方法例≫

1.6　情報の分析

　分類・整理されたヒヤリハット・クレーム等の情報について、その背景要因（原因）を分析します。分析手法には色々なものがありますが、ここでは「なぜなぜ分析」について解説します。

『手法（例）：なぜなぜ分析』
■それはなぜ？と深掘りする

　ヒヤリハット報告書・クレーム報告書の事案について、それはなぜ起こったかを追求し、「なぜ？」「なぜ？」と繰り返し、起こった事実の根底にある真の原因や誘発した原因（＝根本原因）を明らかにし、同じ事案や事故・クレームの問題を再発させないための改善対策に結び付けます。

　「なぜなぜ分析」には、分析結果が見やすく初めて分析に取り組む人でも分かりやすい、特定の原因を深く掘り下げて分析できる、考えた過程を図に残すことで、後で考え方の特徴を検証できる、といったメリットがあります。

　一方、注意すべき点として、１つの原因に捉われすぎると、案件に影響した他の原因を見落とす恐れもあるので留意する必要があります。根本原因を究明する場合の基本は報告者と管理者が一対一で詳しい状況や具体的な内容を聞き出し、正確な事実関係を掴み原因について繰り返し「なぜ？」または「どうして？」と掘り起こしていきます。さらに掘り起こした原因を基に委員会をおいて具体的な対策を検討します。

《なぜなぜ分析実施のポイント》
(1)「理美容師本人の原因」、「相手（利用者等）の原因」、「ハード面の原因」、「環境面の原因」、「管理に関する原因」という各視点から幅広く「なぜ」を考えることが大切です。
　（注）福祉·理美容のヒヤリハット・クレームの場合、理美容師と相手（利用者等）の二つの人的原因が出てくるので、最初から「本人（理美容師）の原因」と「相手（利用者等）」の人的原因を分けて考えるのがよいでしょう。
(2)「なぜ」一回目は、出来るだけ多くの「なぜ」を出します。少ないと案件の原因を幅広く検討することが難しくなるためです。
(3) 相手（利用者等）に原因があっても「相手が悪いから仕方がない」として検討をやめたり、相手の原因を掘り下げることは良くありません。相手の原因について「自分や会社で何か出来ることはないか？」という視点で考えましょう。
(4)「なぜ」二回目以降は、起きた原因は「何なのか」と繰り返し掘り起こします。
(5)「なぜ」の繰り返しの基本は５回と言われていますが、改善対策に繋がる根本原因が明らかになるのであれば、３〜４回でも良いでしょう。目的はあくまで対策につながる根本的な原因の究明であり、詳しい原因を掘り起こすことなのです。

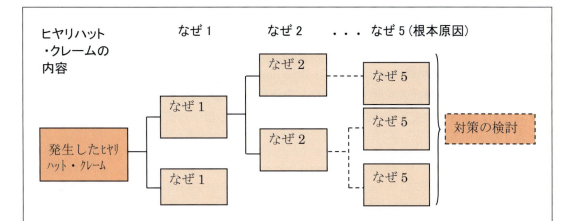

〔解説〕
①ヒヤリハット・クレームの内容
　一番左側に、分析しようとするヒヤリハット・クレームの内容を簡単に書きます。
②「なぜ1」
　ヒヤリハットやクレームに直接つながる出来事（事実）を簡単に書きます。
③「なぜ2」以降
　「なぜ1」が起きた原因はなにか、「なぜ2」が起きた原因はなにかと繰り返し、対策につながるまで原因を掘り下げます。このときに、(a) 理美容師本人の原因、(b) 相手（利用者等）の原因、(c) ハード面の原因、(d) 環境面の原因、(e) 管理に関する原因　に着目して「なぜ」を考えると幅広く根本原因がつかめるでしょう。
④最後に確認
　「なぜ」の究明がうまく出来ているかについては、後の「なぜ」と前の「なぜ」が「～だから」でつながっているかどうかで確認します。「なぜ3」「～だから」「なぜ2」「～だから」……「発生した案件」とつながっていれば良いと判断します。

「なぜなぜ分析」の例

【ヒヤリハット事案概要】
スタッフAは、移動理美容車（トラック）を運転して老人福祉施設に向かう途中、左折するために青信号で交差点に進入したところ、立看板の陰から飛び出してきた歩行者と危うく衝突しそうになった。

【ヒヤリハット発生状況】
・発生時刻：午後6時ごろ（冬季）
・天候：雨
・スタッフAは、施設への到着時刻に遅れそうだった。
・スタッフAは新人で、この地域の地理に慣れておらず、地図を確認しながら運転していた。
・歩行者は、雨のため傘をさしていた。

【なぜなぜ分析】

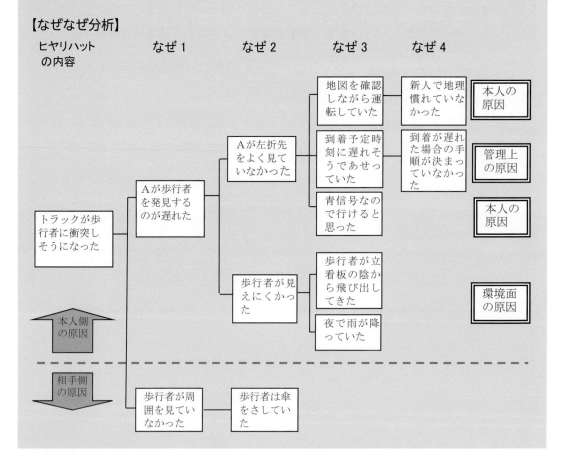

1.7 改善対策の立案

「なぜなぜ分析」により明らかになった根本的な原因や関連する原因に対する具体的な対策を立てます。

主な原因である「理美容師本人の原因」、「相手（利用者等）の原因」、「ハード面の原因」、「環境面の原因」、「管理に関する原因」の背景要因と対策のポイントを次に示します。

(1) 本人の原因　…人間的要因－1

本人の原因には「うっかりミス」「知識・技量不足」「能力の限界」「ルール違反」によるものがあります。

① 「うっかりミス」によるもの

「うっかりミス」の要因は、思い込みや基本動作・手順等を忘れることにあります。その不注意の根本的な原因を明確にする必要があります。
・疲労、眠気、慣れ、気の緩み、焦り、注意力の散漫…

これら根本的原因までを深堀りし、安全対策を考え改善の策定や基本動作を含めた手順を明確にし、どのような場面で何をするのかを具体的に決めておく必要があります。

② 「知識・技術・接客・サービス力の不足」によるもの

福祉·理美容では、通常の理美容業務に福祉の要素が加わります。

理美容の業務ではベテランであっても、福祉の要素（介助等の方法や技術、感染対策や危険予知等の知識、福祉に必要な接客、サービス）についての知識や技量についてはどうでしょうか？

【対策のポイント】

知識・技量の不足を解決するのは、理美容師への教育・訓練です。

教育・訓練は、新人に対するものは、経験不足を補い、業務手順を身につけて安全な作業が行えるようにします。ベテランに対しては一つひとつの動作に対する注意を喚起し、自分の技量への過信や油断をなくすようにします。

③ 「能力の限界」によるもの

新人かベテランかは、理美容の技能や経験等の違いから評価されるもので、同じ人間としての判断力や目配り気配り等には限界があります。
（例）順番待ちの利用者の動きに気づかず、車いすから落ちてけがをした。

このような場合、単に「周囲を良く見よう」と言うだけでは十分な対策とは言えないでしょう。

【対策のポイント】
人の能力の限界に対する対策の注意点としては人間の能力の限界に配慮する必要があります。
(a) 一日に実行する対策の数を絞る
(b) 文字や絵で見て記憶を定着させる
(c) 掲示物も大切なものに絞る

④「ルール違反」によるもの
ヒヤリハットや事故等は「わかっているのにルール違反をする」ことでも起こります。ルール違反に対する対策を考えるには、なぜルール違反が起きるかを考える必要があります。
(a) ルールがあることを知らない
(b) ルールが作られた理由を理解していない（やらされ感）
(c) ルールの存在も理由も知っているが守らない

【対策のポイント】
具体的な対策としての事例
(a) ルール違反が起きやすい場面をあげ、その場面に具体的に対応する方法を考える
(b) ルールが合理的か過度に煩雑なものとなっていないか見直す
(c) 表彰制度を作る
(d) ルールを守ることは、事故を防ぐだけでなく、会社や理美容師自体の信頼を得るために重要であることを説明する

(2) 相手側の原因（利用者・病院・施設・家族等）　…人間的要因－2

福祉・理美容の業務において、カット中、突然動きだすなど相手側にも原因がある場合があります。

相手側に原因があっても、事故が起きてもやむを得ないとするのではなく、相手にどんな原因があったとしても可能な限り明らかにし、「理美容師自身、または会社として出来ることはなかったか？」という視点から対策を考えることが大切です。

【対策のポイント】
相手の状況を理解し、訪問理美容を理解して頂く働きかけをします。
①突然、動き出す方であればカルテの重要項目に明記する。
②理美容師の危険の感受性を高め、レベルにあった理美容師が施術を行う。
③見守り介助の方法やポイント等の伝承を社内で行う。危険の感受性を高める研修を行う。
④当日や受付をした時点で、感染症の有無の確認を行う。会社側から情報の事前開示をお

願いし、手順に入れる。

⑤お断りする判断基準も必要。

「後日熱が下がっていたら、日時を家族に合わせて頂きます」等、会社側として受付の時点で当日の熱の有無や○○度以上の場合は施術出来ない等のルールを決め、家族との確認事項に入れ、納得してもらうようにする等の対策を講じる。

(3) ハード面の原因　…設備的要因

福祉·理美容におけるハードは大きく３つに分けられます。

①移動（訪問）用の自動車、バイク、移動理美容車

②持ち運べるカットいす、シャンプー用いす、専用車いす、専用理美容車いす等

③持ち運べるシャンプーユニット等

これら構造や機能（故障含む）が事故の原因になることもあります。

【対策のポイント】

車両や各機器の構造や機能を、事故を起こさないように整えることが必要です。

①カーナビ、バックモニター、補助ミラーのようにドライバーの運転を助ける物。訪問理美容においては理美容の設備機器等や吸排水タンク、ボイラー等の整備点検や事故を起こさない管理が必要です。

②移動式の機器は人が直接乗る、倒す、起こす、首や頭を乗せる等の動作を常に行うため、特に注意し、事故の原因にならないように整えることが必要です。

ハード面の対策は費用面との兼ね合いが必要ですが、設備を導入する際は、その目的を明確にし安全性を一番に考えることも大切です。また、導入後は現場の使用者に機能や安全な使用方法が理解されなければ、有効に活用されたとは言えません。十分に機器の使用目的や特徴を周知・指導に努めることが大切です。

(4) 環境面の原因　…環境的要因

ヒヤリハット・クレーム・事故が起きた時の周囲の環境が、事故等の原因になっている場合の例です。

(例)　①道路が渋滞していた。

②事故当時、台風で雨・雪が降っていた。

電柱があって歩行者がその影になっていた。

③病院の廊下での施術で、点滴中の患者の点滴台がコードに引っ掛かり倒れそうになった。

④施設のタイル張りの風呂場内でシャンプーをして滑りやすかった。

【対策のポイント】

　周囲の環境そのものに対して直接対策を立てることは難しいかもしれません。しかし、注意が必要な環境や状況においての移動や施術場所では注意喚起したり、場所の変更や安全策をとるために、病院や施設等と協議する必要もあります。これら環境改善に向けて最善な働きかけをすることも大切なことです。

(5) 管理上の原因　…管理的要因

　理美容師本人や事故の相手、環境、ハードに関する原因のもとになるものとして、管理上の要因があります。

（例）①接客や施術マニュアルがなかった。各手順が明確でなかった。

　　　②ヒヤリハット・クレーム・事故等の報告制度が形骸化していた。

　　　③危険予知訓練等の研修制度がなかった。

　　　④感染対策をしていなかった。

　　　　ディスポーザブル手袋、マスクの準備や手洗いの教育がされてない等

　　　⑤緊急連絡体制が定まっていない等

【対策のポイント】

　管理上の原因は、発生した問題（ヒヤリハット、クレーム、事故）の背景に必ず潜んでいる基本的要因といえます。次に個々の原因に対する管理的対策を示します。

①本人の原因…各業務手順書、マニュアルの策定、危険予知訓練等の教育訓練の実施、社員の健康管理、法令や人権またルールの順守さらには違反への対応等

②相手の原因…相手の状況を理解する。相手側に原因があっても理美容師本人や会社で出来ることを検討する。

③ハード面の原因…事故に繋がると考えられる修理・点検がいる場合は即決する。設備の導入に関わる支出に関する意思決定。

④環境面の原因…環境改善に向け、外部への働きかけ、協力の要請

1.8　改善対策の実施

　改善策が決定したら、対策を実施します。実施の優先順位を"そのヒヤリハット事故や災害になった場合の重大性"や"対策に要する費用や時間"などを考えて決定します。影響は重大だが、費用がかかる（計画を含めた実施に時間がかかる）ためにすぐには対策が実施できないような案件は、取り敢えず応急措置をほどこすようにします。

　また、ルール（業務手順、規準、マニュアル）作りなどは、実際の業務に携わるスタッフ（作業者）の意見を聞きながら行うようにすることが、後々守られるルールにつながるポイントです。

なお、対策の実施項目ごとに実施責任者、実施期限を決めておきます。

これらの検討結果および決定事項は部門の業務改善対策推進者が報告書（添付資料−3参照）の該当欄に記入し上位責任者に提出します。

1.9　実施結果の検証・評価

対策を実施したら、その結果が計画通りに実施されているか否かの検証および、その対策が新たなリスクを生じていないかを評価するようにします。予め担当責任者を決めておき、検証評価結果を日付とともに上位責任者に報告（添付資料−3参照）するようにします。

なお、計画通りに実施されていない場合や対策の結果新たなリスクを生じる可能性があると評価された場合には、改善策検討段階に戻って再検討をします。場合によっては要因分析までさかのぼって見直しを行います。

1.10　終了（記録）

改善対策が終了したら、経緯および結果を網羅した「業務改善記録」を残します。記録は業務改善委員会等での報告だけでなく、他の部門、店舗等へ効果的に活用するために1つずつの改善で得られた情報は広く応用や活用が出来ないだろうかと考え、水平展開を行い、全スタッフのための情報共有ツールとしても有効活用します。水平展開は全スタッフの目線で類似性のある手順や材料・機材の使用等はないかと考え意見を出し合うことが有効活用に繋がります。（「添付資料−3」参照）

1.11　報告書の取扱いと留意点

報告書の取扱いについては、次の点に留意する必要があります。
①報告書は、利用者のプライバシーを含む情報であり、適切な管理を行う。
②報告書を提出した者に対して、報告内容を理由に不利益な処分を行ってはならない。
③報告書について、統計的に分析・評価を行った結果は公表する。
④報告書は原則3年間保存とする。

1.12　情報の蓄積と活用

ヒヤリハット・クレーム報告書の蓄積は、月単位、半年単位、一年単位と分析されたものを統計的に評価することが可能となり、事業規模の大小に関係なく組織全体としてのリスクの低減や、業務および作業工程のどの項目や部分に問題点があるのかが明らかになり、基本

的原因も解明され、具体的に取り組まなければならない対策も検討しやすくなります。

　また、蓄積された報告のなかから、特に重要な事例を選択し、「ヒヤリハット事例集」、「クレーム事例集」を作成して情報の共有化と意識の高揚を図ります。事例選択の基準としては、①危険性が高いこと、②同様の事例が多く報告されていること、③案外見落とされがちな危険性や利用者の不満要因がしめされているもの、などがあげられます。事例集は、作業の内容別に分類し、１事例１シートとし、分かりやすいイラスト（または写真）とともに記載するのがよいでしょう。

演習（2）：グループ討議 /「なぜなぜ分析」と「改善対策検討」

※事例は演習（1）と同じです。ここでは、演習（1）で報告した事案についてグループで原因の分析
　を行い、その結果に基づいて改善対策を考えてみましょう。

【ヒヤリハット事例】
　昨日、あなたは、午後１時〜３時の予定でA特別養護老人ホームを訪れ施術を行っていました。予定の人数がほぼ終わりかけた２時40分ごろ急遽１名追加の指示がリーダーからありました。余裕時間のない中で、次の現場との調整をどうするのか同僚のスタッフに聞こうと振り返った時に利用者（認知症）が突然立ち上がる気配を感じ、あわてて支えようとして、持っていたハサミで危うく利用者の耳を切りそうになりました。

【課題】
①上記のヒヤリハット事例に対して「なぜ？」「なぜ？」を繰り返して根本原因を深掘
　りして下さい。
②明らかになった原因に対する改善対策を考えて下さい。

【グループ討議役割分担】

グループ討議役割分担表

グループ名 ＿＿＿＿＿＿＿＿＿＿　　　幹事 ＿＿＿＿＿＿＿＿＿＿

	A	B	C	D	E	F	G
氏 名							

役割分担	人数	リーダー	書記	レポート係	発表者	コメント係	メンバー
	5	A	B	C	D	E	—
	6	A	B	C	D	E	F
	7	A	B	C	D	E	F、G

【役割】　リーダー：ミーティングまたは実技のまとめをする。
　　　　　書　　記：メンバーの発言を模造紙に書く。
　　　　　レポート係：模造紙に記入した内容をレポート用紙に転記する。
　　　　　発　表　者：交換発表、全体発表の際に、グループでまとめた事項を発表する。
　　　　　コメント係：交換発表の際、相手グループの発表に対してコメントする。
　　　　　メンバー：ミーティングまたは実技に参加する。

さあ、それでは「なぜなぜ分析」と「改善対策検討」をやってみましょう。

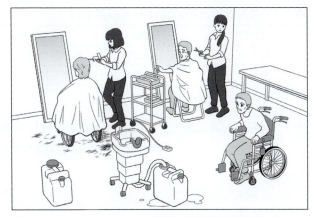

（注）イラストとヒヤリハット事例に直接の関係はありません。

2. ヒヤリハット・クレーム報告活動活性化のポイント

どうすればヒヤリハット・クレーム報告活動を活性化し快適な理美容サービスを提供できる業務改善につなげることができるでしょうか。その鍵は、一人ひとりの職員が"やらされ感"ではなく自ら積極的に活動に取り組むという意識を持つ（持てる）かどうかにあります。その基本は「共に取り組む」という参加意識の醸成であり、そのための重要事項の一つに活動の「見える化」があります（図表1-6参照）。

図表1-6　報告活動の「見える化」

項　目	内　容	具体例
1．活動目的を職員全員で共有化	誰の目にも活動の目的が「見える」ようにする	※1
2．具体的な活用方法を想定する	提出時には見えない提出後のプロセスを「見える」ようにする	※2
3．組織独自の基準を策定する	報告書にあげるかどうかの線引きを「見える」ようにする	
4．報告者や職員にフィードバックする	自分が報告した結果を「見える」ようにする	※3
5．報告された出来事の背景要因を掘り下げる	ヒヤリハットやクレームの場面や結果だけでなく、背景　要因（原因）まで「見える」ようにする	「なぜなぜ分析」の情報共有

※1：「職員全員で共有化する方法の例」
　(1) 職員研修などの場を利用して全員で考える機会を設ける
　(2) 職員が集まる場で機会あるごとにトップから職員に伝える
　(3) 現場の改善や事故防止に役立ったポイントを含む報告書を回覧・掲示・事例検討などの方法で情報共有する

※2：「報告書提出後のプロセスの開示例」

プロセス	提出	コメント	分類・保管	集計・分析
期　限	記入後即時	提出後2日以内	コメント後即時	毎月○○日
担当者	記入者	○○リーダー	総務（事務局）	○○委員会

※3：〔例〕「対策進捗表」の掲示…【記載項目】対策事項、内容、実施期間（予定日）、進捗状況、担当責任者名

演習：グループ討議／「なぜなぜ分析」と「改善対策検討」

【ヒヤリハット事例】
　昨日、あなたは、午後1時〜3時の予定でA特養老人ホームを訪れ施術を行っていました。予定の人数がほぼ終わりかけた2時40分ごろ急遽1名追加の指示がリーダーからありました。余裕時間のない中で、次の現場との調整をどうするのか同僚のスタッフに聞こうと振り返った時に利用者（認知症）が突然立ち上がる気配を感じ、あわてて支えようとして、持っていたハサミで危うく利用者の耳を切りそうになりました。

【演習：解答参考例】
(1) なぜなぜ分析

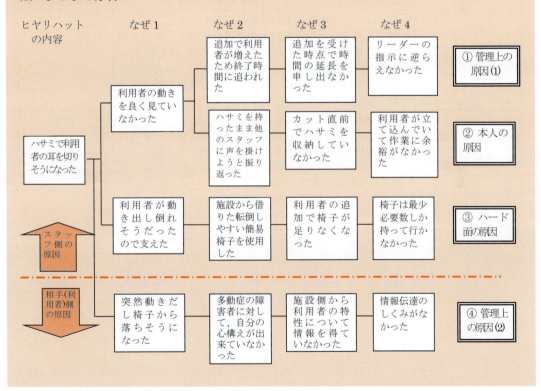

(2) 対策の検討

原　因	対策の例	備　考
①管理上の原因(1)	①リーダー（責任者）教育による変更管理の徹底： やむを得ない予定の変更、特にスタッフの負荷の増加につながる変更は、スタッフの技量・疲労等を勘案して決定する。 ②スタッフの安全意識高揚教育： 急ぐ時こそ安全確認(一人KY(危険予知)、指差し呼称、相互確認）を行う習慣づけ。	※"急ぐ""急がされる"はヒューマンエラーの発生要因
②本人の原因	①安全行動の習慣づけ： 立て込んでいる現場こそ、安全に配慮した行動をとる習慣づけ。（一人KY、指差し呼称） ②安全作業のルール化： ハサミやカミソリを持ったままで脇見をする（同僚と話をする）などの不安全行動を厳禁とする。	
③ハード面の原因	①椅子は安定感のあるものを使用する： パイプ椅子などの簡易椅子の使用は避ける。やむを得ずしようする場合は、KYを行い細心の注意を払う。 ②予備の椅子を用意する： 施設等を訪問する時は、転倒しにくい構造の椅子を予備として持参する。	
④管理上の原因(2)	①施設側との情報伝達の仕組みづくり： 利用者の特性（認知症の有無、行動特性など）を事前に施設側から流してもらうことをルール化する。	

chapter 3

第3章 ヒヤリハット・クレームに基づく改善対策の事例

1．理美容サービスにおける事例

　理美容サービスにおける、ヒヤリハット・クレームおよび事故、感染症の事例を、想定される要因と改善対策とともに次表に示します。

　これらの事例はごく一部であり、実際の現場ではこのほかにも様々な事案が発生していることは想像に難くないでしょう。とくに、利用者の傷害を伴うような事故が発生した場合、そこに安全に対する配慮を欠いていたと認定されれば賠償責任を問われることにもなります。事故の事例と賠償責任を考えるための参考資料として、添付資料−5「事故で考える賠償責任」（P.56）を参照ください。

項目	事　象	想定要因	改善対策
ク レ ー ム	・背中や服の中にカットした髪がたくさん付いていたとの連絡あり	・タオルとクロスとネックシャッターの装着が甘く、隙間が出来ていた	・首周りに密着しやすい伸縮性のあるタオルを使用して髪の侵入を防ぐ。（市販のディスポタオル等） ・夏の場合は、ベビーパウダーを付ける。冬の場合は襟の高い服が多いので反対に襟を折り込み、その上からタオルをする。 ・クロスとネックシャッターもお客様に「苦しくないですか？」と確認しながらしっかり密着させる。 ・ブローの時、耳周りと首周りにも風を当てカットした髪を飛ばす。その際に、ネックシャッターと首元のクロスも外し風を当てる。 ※1：上記改善策を反映した作業手順書の改訂 ※2：本人特性を把握し、全スタッフに周知
	・パーマがゆるい、かかっていないとの連絡あり	・カウンセリング時、『手入れの行いやすいように手くしで綺麗にまとまるように』との希望を受けたが、今と昔の感覚の違いによるロットの大きさに対する選定ミス	・ヘアカタログをご覧いただき、デザインを確認したうえで、乾かすことでウェーブが伸びることも説明しロットは大きいがしっかりとリッジを出すようにする。 ・『手入れの行いやすいように』には、ウェーブに対する感じ方に個人差があるので時代別の技術に対する勉強が必要である。
ヒ ヤ リ ハ ッ ト	・車イスのままシャンプーをした際、襟を濡らした	・タオルとシャンプークロスの装着ミス	・襟を中に折り込みラップを巻いたりタオルを二重に巻き、しっかりとずれないようにシャンプークロスを巻く。 ・体勢が悪い時は、シャンプークロスも二重に巻く。
	・毛染めのシャンプー後、染まっていない部分が見つかった	・1度目の塗布の際、スライス幅を厚く取り塗布したミス	・塗布後に、塗布漏れがないかの確認を怠らない。

39

項目	事　象	想定要因	改善対策
ヒヤリハット	・技術料金を間違えて伝え、お金を少なく集金してしまった	・確認不足	・受付表やカルテを確認する際、少しでも不安な場合は料金表を用いて確認する。 ・料金表をしっかり暗記する。
	・自走のお客様が順番を待っている間にブレーキを解除し、スロープを一人で降りて転倒してケガをした	・お客様が待っている間に目を離さず、頻繁な声かけを怠ったミス	・声掛けのルール化をする。
事故事例	・スタッフによる移動介助中にお客様が転倒した	・コンクリートの少しの段差を見落とし、声かけを怠ったため	・移動介助中は、連れて歩くルートを目で追いながらお客様の速度に合わせて歩く。
	・自走のお客様が順番を待っている間にブレーキを解除し、スロープを一人で降りた	・お客様が待っている間に目を離さず、頻繁な声かけを怠ったミス	・声掛けのルール化をする。 ・指差呼称（第2編第2章参照）の励行。 ・安全作業標準書（チェックリスト）の作成をする。
	・歩行器で移動している際、手が滑って尻もちをつき反動で後ろに倒れ頭を打ちこぶができ出血した	・歩行器のタイヤは少しの段差にもつまずくことへの認識ミス	・横に付き添いながら全体を捉えて歩く。 ・歩行器使用の際、スタッフのみでの送迎は原則お引き受けしないことを施設側にご理解いただき、車いすに乗って頂けるかを提案してみる。
	・カットの最中、お客様が突然イスから立ち上がり耳を切った	・動くことや立ち上がることを常に想定しながら施術をしていなかったミス	・お客様の頭だけでなく全体を見て施術するようにを心がける。 ・いつ何が起こっても対応ができるように常に予測をトレーニングする。 ・とっさの動きに反応できるよう、小指などの添え手をして施術する。
感染症事例	・施術後に『B型肝炎です』と言われた	・施術前に聞くことを怠ったミス	・情報の開示を契約書に入れる。
	・疥癬のお客様に対しての指導がなく、手袋だけ付けて施術した	・疥癬に対しての標準予防策を怠ったミス	・作業ステップごとに"安全対策のポイント"を盛り込み、安全な作業の手順を定めた作業手順書を作成し周知・活用する。
	・「この方MRSA(注)です」とだけ言われ、その他何も伝達がなかったのでいつも通り施術にはいった	・MRSAに対しての標準予防策を怠ったミス	・作業ステップごとに"安全対策のポイント"を盛り込み、安全な作業の手順を定めた作業手順書を作成し周知・活用する。

（注）MRSA：メチシリン耐性黄色ブドウ球菌の略称で院内感染の主な原因とされる。

2．医療施設における事例

　次表は、医療施設で起きたヒヤリハットと改善対策の事例の中から訪問理美容の業務においても同じようなことが起こりうると想定されるものの抜粋です。項目「人工呼吸器」の事例は、"ベッドサイド施術"で、「注射」の事例は"薬剤管理"で、「手術」の事例は"利用者の移動・移送"や"物品の管理・準備"でも起こりうることといえます。

項目	ヒヤリハット事象	想定要因	改善対策
人工呼吸器	・体位変換時、接続部が外れていた。 ・回路交換時、接続を間違えた。 ・呼吸器の蛇管がシーツ交換時に引っ張られ、気管カニューレごと抜管した。	・処置時、呼吸器接続への配慮不足	・処置前、蛇管、呼吸器が正常に作動しているか確認する。 ・体位変換時は２人で行う。 ・ルートを長くし、余裕を持たせてあるか確認。必ず一人は呼吸器ルートから目を離さない。
注射	・薬品Ａと薬品Ｂのアンプルが同じ箱に入っており、同一の形と色をしているので間違えるのではと思った。	・薬剤管理体制が不十分	・類似品は分けて保管する。 ・薬品名を紙に書いて保管する。
手術	(1) 体位 ・上肢の固定が不十分であり（抑制の帯の結び方が緩く）、患者の手がベッドの手台からずり落ちていた。	・固定技術の未熟 ・観察の不足	・正しく固定されていることを確認する。 ・固定技術の向上のための訓練などを計画する。
	(2) 移動・移送 ・挿管中の患者のベッドを動かす時に、人工呼吸器の蛇管がベッドに引っかかり、挿管チューブが抜けそうになった。 ・手術中ベッドのストッパーをかけ忘れ、医師がベッドによりかかった時にベッドが動いた。 ・手術後、患者を手術台よりベッドへ移動する際、ベッドの固定が不十分で、患者がずり落ちそうになった。 ・手術が終了し、患者をホールまで移送したが、カルテを部屋に忘れてきたのに気づき、取りに行った。その間患者は一人で起き上がろうとしており、帰ってきた際に気づいた。	・注意不足、確認不足 ・ベッド搬送時のストッパーの確認不足 ・危険意識の不足 ・麻酔覚醒直後の患者の状態のアセスメント不足 ・リスクの予見不足	・患者を移動・移送する場合には、ライン類の確認やベッドのストッパーの確認を十分行う。 ・医療者間での声かけを徹底し、複数で確認する。また移動時はタイミングよく行う。 ・手術直後の患者については、ICCUまたは病棟看護師に患者を引き継ぐまでは、そばを離れない。 ・やむを得ず患者のそばを離れる場合には、他の看護師に声をかける。

手術	(3) 患者の誤認 ・患者を準備していたベッドとは違うベッドに寝てもらい、危うくベッドネームに記載している別の部屋へ移送するところだった。 ・眼科の手術の迎えの連絡を病棟にしたが、受付の聞き違いで、違う患者の名前で違う病棟に連絡してしまい、病棟からの問い合わせで気づいた。	・患者の名前の確認不足 ・看護師間の連携不足 ・伝達手段の問題	・患者一人に対して、一人の看護師が対応できるようにし、ベッドに寝せるときも名前を確認し、ベッドネームと違うことはないか確認する。 ・病棟の看護師も、できる限り一人の患者に対して一人の看護師が担当し、手術室看護師と連絡をとり、ベッドネームまで確認して退出する。 ・インターホンでのやりとり等、聞き取りにくい場合は、相手の言った言葉を復唱する。 ・患者を手術室へ送る・迎える場合は病棟名、氏名をフルネームで相手に伝える。
	(4) 物品管理 ・使用した機械がないことに気づき探すと、機械台の側に置いていたゴミ箱に落ちていた。 ・全人工股関節置換術で人工骨頭を袋から取り出す際、誤って落としてしまった。 ・肺切除で使用予定である特殊な挿管チューブが準備時に在庫がなかった。	・物品管理の意識の薄さ ・次に使用することを考えた上での準備不足 ・使用後の後始末の問題	・物品管理が患者の安全を守り、最善の手術のための大切な条件であることを日頃から周知徹底する。 ・必要物品は慎重に取り扱う。 ・使用後の後始末が次の準備であることを意識づける。 ・在庫管理をきちんと行う。

第4章　クレーム防止のための心得 (安全・安心な業務遂行のために)

1．基本的事項

　スタッフは、日常業務の中でヒヤリハット、クレームを防止するために、以下の事項を常に心がけなければなりません。

(1) 施術中は、お客様がいつ危険な状態になるか分らないことを常に意識すること。

(2) 利用者最優先の施術を徹底し、常に誠実な対応を行い、分りやすく十分な情報を提供すること。

(3) 施術中においては、確認・再確認を徹底する。

(4) 記録は正確かつ丁寧に記載し、チェックを行う。

(5) 他のスタッフとの連携を徹底するとともに、情報の共有化を図る。

(6) 自己の健康管理と職場のチームワークを図る。

(7) 専門職として、日々、知識の習得に努めるとともに、福祉·理美容師としての技術の向上に努める。

(8) 職場の4S（整理・整頓・清潔・清掃）を心がける。

2．具体的対応

　ヒヤリハット、クレームの未然防止のため、以下に部門（移動部門、福祉サロン部門、管理部門）ごとの基本的な心得を参考として示します。

(1) 移動部門、福祉サロン部門

①お客様への対応

ア．日常業務においては、お客様個人の氏名、性別、年齢等を確認する。

イ．お客様の氏名の確認を行った後、記録された情報を正しく引き継ぎ、確認を行う。

ウ．情報の内容によっては、お客様への質問を通じて確認する。

エ．お客様との信頼関係が十分保てるように、日頃から円満な意思疎通が図れるように心がける。

オ．十分な説明をし、お客様の納得・同意を得た上で施術にあたる。

②転倒・転落・損傷防止

ア．施術前のお客様の状態についての情報収集

　・お客様の行動レベル（ADL[※]・安静状態等）を把握する。

43

・コミュニケーションレベル（意志の疎通・理解力）を把握する。

※ ADL（Activities of Daily Living：日常生活動作）

　日常生活を送るのに最低限必要な動作のこと。例えば、寝起きや移動、トイレや入浴、食事、着替えなど。介護保険制度では、これらの動作一つひとつを"できる・できない"で調査し、その結果で、その人に必要な介護レベルを決めている。

イ．環境の調整

・お客様の状態に応じた施術環境を提供する。

・安全な環境調整を心がける（滑りやすい床、照明、突起、段差などの障がい物への配慮、車いすの位置の確認）。

ウ．観察と配慮

・長期間の寝たきり状態により姿勢保持力が低下（筋力低下）することをお客様に認識してもらう。

・バランスを失いやすい行動（体の向きを変える時、動作の変わり目等）に対して配慮する。

・お客様によっては、予測されない行動に移る場合があることを認識しておく。

・お客様によっては、頭皮損傷や顔面・首周りにイボや吹き出物が存在する場合があることを認識しておく。

エ．その他

・お客様の衣服を汚さないように配慮する。

・施設のスタッフに適切な説明を行い、協力を依頼する。

・施術中は電話にでる、話をする等、注意散漫になるようなことは極力避ける。

・パーマ液やカラー液などには、注意文書や目印を貼付して用法を明確にしておく。

・薬液の配合などは、記憶に頼らず、説明書やデータベース等を活用して必ず確認する。

・廃液の取り扱いは、環境汚染等に十分配慮し定められた通りに適切に処理する。

・施設の備品や器具を使用した場合は、使用後の処置をして速やかに返却する。

③各種材料の保管場所に関する注意事項

ア．常時、温度・湿度管理等を行い、適正な保管・管理を行う。

イ．外観上、品質変化の分りにくい材料もあるので、外箱に記載してある有効期間または使用期限に注意する。

ウ．保管材料については、管理担当者（責任者）を定め、定期的に点検し、破損・品切れのないように注意する。

④他部門への対応

ア．スタッフは他部門などに指示や要請を出す際には、口頭だけでなく"書面"で行う。

なお、記述はあいまいさを排除した"正確で明確な文字・表現"を心がける。

イ. 「あれ」、「それ」、「いつものやつ」など抽象的な指示は行わないようにする。

ウ. 指示の変更を行う場合は、その変更内容が明確に分かるように伝える（口頭、書面ともに）。伝えた相手に"復唱"してもらう。

⑤スタッフ相互間での対応

ア. 自由な発言や、建設的な議論のできる雰囲気（職場の風土）づくりに努める。特に、リーダーが率先して行うことが重要。

イ. リーダーが何らかの判断をする場合、可能な限り一般のスタッフの意見を吸い上げ、時には決定プロセスに参加させるなどして、一体感をもった運営と人間関係づくりに努める。

ウ. リーダー相互間を含め、スタッフ同士お互いに協調性を保つ努力を怠らないようにする。

【参考】「よい職場づくりのポイントとは⁉」
アンケート調査"どんなときにやる気をおこしますか？"より

順位	30歳未満	30〜50歳未満	50歳以上
1	仕事の内容がおもしろい	職場の人間関係がよい	職場の人間関係がよい
2	仕事から技術・知識が身につく	仕事の内容がおもしろい	社会に役立つような仕事をする
3	職場の人間関係がよい	仕事から技術・知識が身につく	仕事の内容がおもしろい

⑥自己研鑽・自己管理

ア. 理美容に関する自らの技術・知識の向上を常に心がけ、臨床能力の維持や向上のため、教育・研修などにも積極的に参加する。

イ. 自らの力量を過信せず他の理美容師の意見も尊重する。

ウ. 日常においては、常に肉体的、精神的な健康管理を心がける。

(2) 管理部門

①他部門への対応

ア. スタッフは他部門などに指示や要請を出す際には、口頭だけでなく"書面"で行う。なお、記述はあいまいさを排除した"正確で明確な文字・表現"を心がける。

イ．「あれ」、「それ」、「いつものやつ」など抽象的な指示は行わないようにする。

ウ．指示の変更を行う場合は、その変更内容が明確に分かるように伝える（口頭、書面ともに）。伝えた相手に"復唱"してもらう。

エ．請求書や領収書等会計処理上必要な書類の整備・提供と同時に常に会計システムの改善に努める。

オ．管理部門は情報の管理・統制の中枢である。情報の発信とともに、情報の収集にも最大限の努力を払う必要がある。そのために、現場とのコミュニケーションを密にして、目的達成の手段を見極め提供することに努める。

②各種材料の保管場所に関する注意事項

ア．納品を受けた場合は、必ず発注した材料の規格・単位・包装の内容との照合を行い、所定の保管場所に速やかに保管する。

イ．常時、温度・湿度管理等を行い、適正な保管・管理を行う。

ウ．保管材料については、管理担当者（責任者）を定め、定期的に点検し、破損・品切れのないように注意する。

③スタッフ相互間での対応

ア．自由な発言や、建設的な議論のできる雰囲気（職場の風土）作りに努める。特に、リーダーが率先して行うことが重要。

イ．リーダーが何らかの判断をする場合、可能な限り一般のスタッフの意見を吸い上げ、時には決定プロセスに参加させるなどして、一体感をもった運営と人間関係づくりに努める。

ウ．リーダー相互間を含め、スタッフ同士お互いに協調性を保つ努力を怠らないようにする。

④交通危険マップ

　訪問理美容で巡回ルート等が決まっている場合の潜在する危険の掘り起こし方法です。

　訪問理美容は病院・施設・個人宅を定期または不定期に車両で移動をし、訪問を行います。理美容師は運転のプロではありません。また女性スタッフが多い仕事でもあります。移動理美容車（2～3t）、乗用車、バイク等を使い訪問することから交通事故の危険も伴います。潜在する危険の掘り起こし方法として、交通危険マップの作成も有効な手段です。

《交通危険マップとは？》

　交通危険マップは地図を使った、潜在する交通危険の掘り起こし方法であり、次のような手法で進めます。

　(1) 事故やヒヤリハットが多発している箇所を洗い出す。

(2) その箇所で事故等が多発している理由を明らかにする。
　（例）
　・付近に小学校があり、子供の飛び出しが多い
　・付近に病院があり、高齢者の通行が多い
　・道幅の狭い商店街で歩行者や自転車の通行が多い
　・道幅が狭く、車道上に電柱や看板がはみ出している
　・訪問先の施設入口は狭く、ハンドルの切り返しが必要である
　・移動理美容車（2〜3t）の施設設置スペースが狭く施設の軒が2m出ているため、横付けしすぎると車両上部に接触する
(3) 自社の巡回先の中で類似した条件や状況にある所を探す
(4) （1）〜（3）の箇所について地図に印をつけるなどして注意を喚起する

次のページに交通危険マップの例を示します。

あらかじめ巡回ルートに潜む危険を知っておくことが安全運転につながるのですね。

訪問サービスは、訪問車やバイク等での移動もあり、サロンにはない注意点ね。交通危険マップをみんなで作りましょうか。

《交通危険マップ (例)》

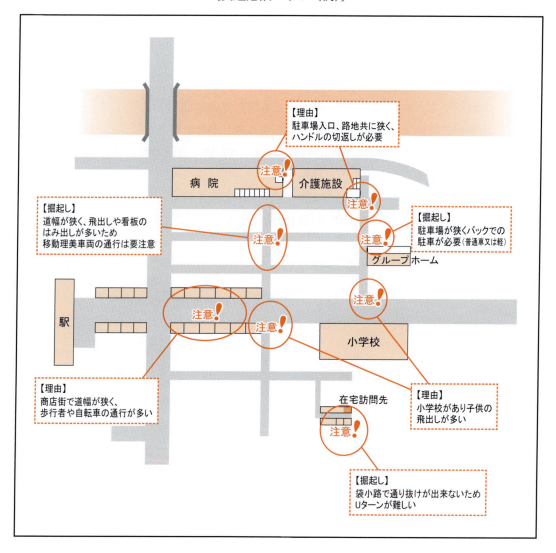

第5章 クレーム発生時の対応

1．「クレーム」と認識するための基本姿勢

(1) 会社側の視点ではなく、「お客さまの視点」に立って、お客さまのお申し出の内容を「クレーム」と認識すべきかを判断します。
(2) 業務改善に活かすため、「お客さまからの不満足の表明」を幅広く「クレーム」として認識します。
(3) お客さまからの「相談・照会」の中に、「クレーム」と認識すべきものが潜んでいる可能性があるため、十分に注意し、不満足の「表明」があったものを必ず「クレーム」として認識します。
(4) お客さまの「不満足の表明」の内容のみならず、お申し出に至った理由・背景も考慮して、広く「クレーム」として認識します。勘違いや、誤解によるクレーム、その場で解決したクレームでも、それが生じた背景には、会社サイドの問題が潜んでいる可能性があります。
(5) 対応を行った結果ではなく、「不満足の表明」があった時点で、「クレーム」と認識すべきか判断します。電話でお客さまから「クレーム」を受け付け、対応した社員が、丁寧に説明したことによって、直ちにその場で解決した場合においても、「クレーム」として認識します。

2．クレーム対応の留意点

(1) クレームの内容を正確に把握します。
　　お客さまのクレームを親身になって聞き、申し出の内容を正確に把握します。
(2) クレーム発生の初期段階において、迅速・的確かつ組織的に対応します。
　　クレーム解決にあたっては、迅速・誠実・正確・謙虚・積極的に行うことを心掛けます。
(3) クレームを受け付けた場合、「クレーム報告書」に、確実に登録をし、管理を行います。
　　発生したクレームは、漏れなく迅速に「クレーム報告書」に登録し、進捗状況を管理し、未解決のまま放置されることなく、解決に向けて対応するようにします。
(4) 再発防止に努めます。
　①クレーム発生の原因を分析し、類似のクレーム発生を防止するため、防止策を策定し、実行します。
　②自らの組織内では解決できない原因によって発生したクレームの再発防止策については、主管部に提言します。

③クレーム解決のなかで得た経験・示唆・教訓を今後の活動、業務運営の改善等に活かして再発防止に努めます。
(5) 経過管理を徹底します。
　クレーム対応部門は、苦情が未解決のまま放置されることのないよう、適切に管理します。なお、長期未解決事案の解決促進と進捗の管理にあたっては、以下の「解決基準」に基づき運営します。

> 【解決基準】
> お客さまの「不満足」が解消されたと判断された場合に、解決とする。
> なお、お客さまの主張と当社の見解が平行線をたどっており、<u>当社として以後特段の手続きを必要とせず、当社の最終対応後、1ヶ月を経過してお客さまから再申し出がない場合、クレーム対応部門長の判断により解決とすることができる。</u>
> 但し、お客さまから再申し出があった場合には、改めてクレーム登録し対応を行うこととする。

3．クレーム受付時の留意点

　口頭や電話で直接クレームの申し立てがあった時は、手紙やメールの場合のような時間的余裕がありません。そのような場合にも適切な対応ができるように意識しておくべきポイントを対応の流れとともに下図に示します。

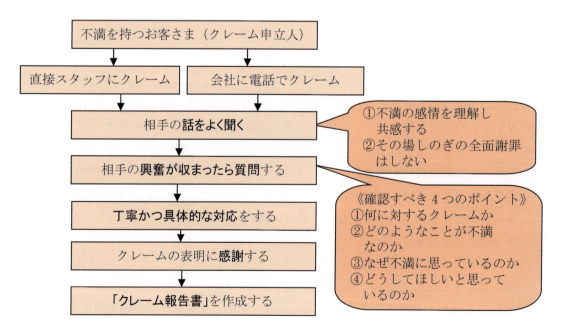

第6章 添付資料

参考として各種報告書および賠償責任の事例を添付資料に示します。

① 「ヒヤリハット報告書（例1）」　　　　　　添付資料－1参照
② 「ヒヤリハット報告書（例2）」　　　　　　添付資料－2参照
③ 「クレーム報告書（例）」　　　　　　　　　添付資料－3参照
④ 「ヒヤリハット・クレーム報告のフロー（例）」　添付資料－4参照
⑤ 「事故例で考える賠償責任」　　　　　　　　添付資料－5参照

添付資料－1 「ヒヤリハット報告書（例1）」

ヒヤリハット報告書 〔様式－1〕　　　〔管理番号：　　　　　　　　　　　　　〕

［お願い］
①□にレ印をつけてください。
②ヒヤリハット発生状況を示す簡単なイラストまたは写真を裏面に貼付してください。

報 告 日	年　　月　　日	報 告 者 （ヒヤリハット体験者）	
業務経験年数	□1年未満　□2 1～3年未満　□3 3～5年未満　□4 5～10年未満　□5 10年以上		
年　　齢	□1 20歳未満　□2 20歳代　□3 30歳代　□4 40歳代　□5 50歳代　□6 60歳以上		

1. ヒヤリハット 　　年月日	年　　　月　　　日（　　曜日）
2. 時間帯	□1 8～10時　□2 10～12時　□3 13～15時　□4 15～17時 □5 その他（　　　　）時
3. 場所（名称）	□1 移動車（　　　　　）　□2 施設（　　　　　）　□3 病院（　　　　　） □4 サロン（　　　　）　□5 個人宅（　　　　）　□6 その他（　　　　　　　　）
4. どんな作業で？	
5. 何をしようと 　　して？	
6. どんなヒヤリ 　　ハットだった？	□1 転落　□2 転倒　□3 激突し　□4 激突され　□5 挟まれ・巻き込まれ □6 切れ・こすれ　□7 やけど　□8 道路交通事故 □9 その他（　　　　　　　　　　　　　　　　）
7. （その時の） 　　自分の状況は？ 　　※複数回答可	□1 よく見えなかった　□2 気づかなかった　□3 見落とした　□4 障害物があった □5 滑った　□6 狭かった　□7 急いでいた　□8 安易に思っていた □9 大丈夫だと思った　□10 考え事をしていた　□11 手順を知らなかった（忘れていた） □12 やりにくかった（むずかしかった）□13 その他（　　　　　　　　　　）
8. （その時の） 　　お客様の状況は？ 　　※複数回答可	□1 急に動いた　□2 よろけた　□3 介助を拒んだ □4 その他（　　　　　　　　　　　　）
9. もし事故（ケガ） 　　になった場合の 　　程度は？	□1 赤チン災害程度　□2 軽傷・軽い後遺障害　□3 重傷・死亡 □4 その他（　　　　　　　　　　　　　）
10. こうしたい・こ 　　うしてほしい 　　（改善提案）	
11. その他気付い 　　た点（何でも）	
12. 上司意見 　　（今後に向けて）	

第1編　第6章　添付資料

添付資料－2　「ヒヤリハット報告書（例2）」

ヒヤリハット報告書　〔様式－2〕　　［管理番号：　　　　　　　　　　　］

施設名 _____　報告日　平成　　　年　　　月　　　日

お客様 _____　担当者（報告者）_____

状況	いつ		どこで	だれが
	月　　日（　　）曜日 （午前，午後）　　時　　分頃			
	何をしていた時に		どうした（具体的内容）	
	自分の状況		お客様の状況	その他の状況
	□よく見えなかった　　□気づかなかった □見落とした　　□障害物があった □滑った　　□狭かった □急いでいた　　□安易に思っていた □大丈夫だと思った □考え事をしていた □手順を知らなかった（忘れていた） □やりにくかった（むずかしかった） □その他（		□急に動いた □よろけた □介助を拒んだ □その他 （　　　　　　　　　）	

改善提案（本人）	

今後に向けて（上司意見）	

53

添付資料－3 「クレーム報告書（例)」

クレーム報告書　　　　　　　　[管理番号：　　　　　　　　　　]

報告日	年　月　日	報告者（所属 / 氏名）	
お客様氏名	（男・女)	お客様連絡先	

1．クレーム発生日時	年　月　日（　）　午前／午後　　時　　分頃
2．クレーム発生場所	①移動車　②施設　③病院　④サロン　⑤個人宅 ⑥その他（　　　　　　　　　　）

3．クレーム内容（いつ、何が、だれが、どのように)

4．クレームの原因

5．一次対処内容および提案	対処担当者

6．二次対処内容および提案	対処担当者

7．最終対処内容および提案	対処担当者

8．今後のための改善策	報告者

9．管理者の所見	管理者 ㊞

添付資料－4 「ヒヤリハット・クレーム報告のフロー（例）」

「ヒヤリハット・クレーム報告のフロー（例）」
（東京都医療安全推進事業報告書掲載図を参考に加工）

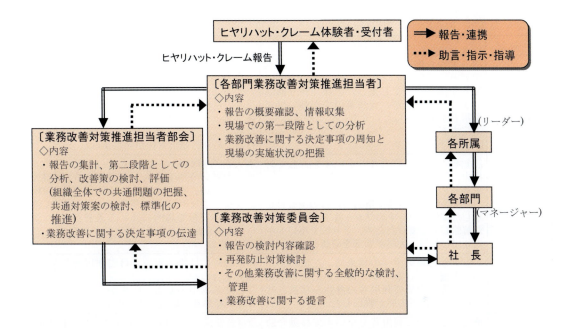

≪備考≫
本例では「業務改善対策委員会」は、あくまで"検討・審議機関"であり最終決定・承認は「社長」と位置づけている。これとは別に、「業務改善対策委員会」を、社長を委員長とする"決定機関"として位置づける方式もある。

添付資料－5 「事故例で考える賠償責任」

「事故例で考える賠償責任」

参考として、老人介護施設における事故のうち訪問理美容でも起こり得る事例と賠償責任判断の視点を示します。実際の賠償責任の判断は、個別事案に対して厳密に行われるものであり一律に論ずることはできません。あくまでも「視点（考え方）」を示したものです。

No	区分	事故事例	賠償責任判断の視点
1	移乗	ベッドから車いすへの移乗介助の時、ご利用者の足が車いすのステップに引っかかり、座りが浅くなってしまった。深く座り直させようと思ったが、突然車いすが動いてご利用者が滑り落ちた。骨盤にヒビが入って、入院することとなった。	車いすのステップ（フットサポート）を跳ね上げないで移乗すると、ご利用者の足に引っかかることは容易に予測できる。また、ご利用者の足が引っかかった場合、車いすのブレーキ（ストッパー）がかかっていても、車いすは動いてしまう。明らかに安全配慮を欠いた行為であり、賠償責任が発生する。
2	車いす移動	認知症のないご利用者の車いすを押して外出中、施設から携帯に電話がかかったため、車通りの少ない道で車いすを止め、ストッパーをかけた。携帯で電話中ほんの少し目を離した隙に、車いすのブレーキを利用者本人が解除してしまったため、下り坂を車いすが走り出し転倒。大腿部頸部を骨折した。	本人自ら車いすのストッパーを解除してしまったという事実から、施設側に責任なしとは言えない。車いすを止める時は車椅子の不具合などさまざまな可能性を考慮に入れ、安定の良い安全な場所に止める義務がある。明らかな安全配慮義務違反で責任がある。
3	移乗	ベッドから車いすへの移乗時、左側の手がベッド柵をしっかりつかんでいたことを知らず、勢いよくご利用者の身体を移乗させたら、ご利用者の肩が脱臼した。	移乗の時には掛け声をかけご利用者とタイミングを合わせ、身体状況の安全の確認をすることは基本中の基本。明らかに安全配慮義務を欠いており、施設の責任が生じる。
4	移動	重度認知症のご利用者を車いすで移動介助中、突然右手を車いすの外側に出し車輪に突っ込んだ。急ブレーキを掛けたが間に合わず指が巻き込まれ骨折した。	重度認知症のご利用者であれば、車いすの車輪に手を出すことは予測すべき危険である。手を出しても巻き込まれないよう工夫するか、巻き込まれない車いすを利用すべきである。施設側の責任は明らか。
5	歩行	利用者が単独歩行する時、廊下や通路に置いてあるもの（カーテン、掃除用具、パイプいすなど）につかまって移動しようとしたため、転倒した。	つかまると倒れるものは、ご利用者が移動する場所には絶対に置かない。どうしても置く必要があるものは、つかまって倒れないようにしておく必要があります。安全配慮義務違反です。
6	車両操作	利用者をリフトカーに移乗中、リフトと車体の間に右足第一指をはさみ骨折した。リフト作動前に安全のための指差し確認をして、リフトを作動したにもかかわらず、利用者が車いすのステップから急に足をはずし、リフトの外側へ足を出したため、職員があわててスイッチから手を離し、リフトを停止したが間に合わなかった。	不随意運動がある利用者など、突然利用者の足が車いすから大きく外れることが予想されるのであれば、リフト操作中のみ足を拘束するなどの対策をとるべきである。
7	車両操作	利用者を車いすに乗せたまま昇降リフトに乗せボタン操作を行い、リフトを車体床面と同じ高さまで上げた。そのままボタン操作を継続し、リフトを車両内に向け平行移動させたところ、車両が傾斜していたため、リフト上で車いすが少しずつズレる危険を感じてリフトを停止させたところ、その反動で利用者の体が車いすから車両床に落下、頭部を負傷した。	車いすは少しの傾斜でも動いて危険なので、車両を停止させる時に車が傾斜していないかどうか確認すべきである。また、リフトを操作する時にも、同様に車いすの状態を確認すべきで、二重のチェックミスである。安全配慮を尽くせば100%防げる事故である。

第2編

危険予知で安全の先取り
（福祉・理美容師のための危険予知訓練）

第1章 今 なぜ危険予知訓練（KYT）か!?

1．福祉・理美容活動の目指すもの

　それは、「安全」「安心」「快適」なサービスの提供です。福祉・理美容活動と一般的な理美容サービスとの違いは、対象となるお客様が、高齢者、障がいのある方、病院へ入院されている方、自宅で療養されている方など何らかの不自由さを抱えていることです。特に要介護高齢者の方々は、小刻みに体が動いたり、皮膚の老化により傷ができやすいなど、心身の機能および免疫の低下による潜在的な危険要因を持っている方も多く、生活上必要な理美容を実施するためには特別な配慮やきめ細かなサービスの提供が求められます。

　つまり福祉・理美容サービスにおいては、お客様のほとんどが健常者である一般の店舗のレベルを超えた、はるかに高度な安全に対する配慮と適切な対応力が求められています。お客様に対して技術のみでなく"安全"、"安心"、"快適"な理・美容サービスを提供し、最後に笑顔をいただくことがこれからの福祉・理美容の目指すものであるといえます。

【参考】『安全とは？　安心とは？』
"安全"と"安心"という言葉は、似て非なるものです。
"安心"とは、「心が安らかに落ち着いていること。不安や心配がないこと。（大辞林）」であり、心の有り様を意味します。
一方、"安全"は、「危害または損傷・損害を受ける恐れのないこと。（大辞林）」であり、物理的環境要因（設備の安全対策など）や社会的環境要因（安全を保持する組織やシステムなど）などにより担保されるものです。
そして、環境要因としての"安全"が確保されてこそ、心理的要因である"安心"が得られるといえるのです。

2．"安全"の確保のために

　前述のように、日ごろ私たちが行っている福祉・理美容の活動において目的とするところは、お客様に対して技術のみではなく、"安心"を含めたサービスを提供することにあるといえます。

そのためには、前提となる"安全"の確保が必要不可欠となります。この"安全"の確保には、設備や道具（ハードウエア）の安全対策と、安全管理の仕組みや安全作業手順等の策定や教育訓練（ソフトウエア）を両輪とした取り組みが必要です。

　しかしながら、これらハード面、ソフト面をいかに整備しようとも安全の確保が万全というわけにはいきません。最も基本的かつ重要なことは、一人ひとりが安全に対して関心を持ち、仕事の中に潜む"危ないこと"に気づく感性を保持し続けることです。

　私たちがサービスを提供する対象の方々は、高齢の方、障がいのある方、病院に入院されている方、自宅で療養されている方など、自由に外出することが困難な方々です。さらに、これらの方々の中には心身機能や免疫力の低下している方も多く、安全な理美容のサービスを実施するには一般の方に対する以上に「危険の気づき」が強く求められます。あらゆる事故の要因を予知し、先回りして事故を防止する目配り・気配りが求められるということです。

　そこで、本書ではこの「気づきの感性」を高める「危険予知訓練（Kiken Yochi Training：KYT）」の手法や考え方を解説します。福祉・理美容サービスに携わる方々が、できるだけ効率的かつ短時間で「気づきの感性」を修得できるよう、現場に沿ったイラストを豊富に揃えました。本書は難しい解説は一切ありません。本書を手にしたその日からKYTに取り組んでいただきたいと考えています。福祉・理美容における事故予防の取組に本書が少しでもお役に立つことを願っております。

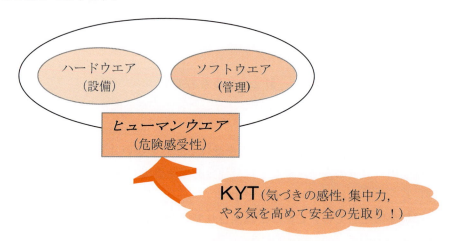

【参考】
「たとえ入居者の不注意が原因であったとしても、施設の中で転んだりベッドから転落すれば、これはもうれっきとした施設管理上の介護事故です。ケアスタッフにはあらゆる事故の要因を考え、予知し、先回りして事故を防止する目配りが求められます。」
（某特別養護老人ホーム「転倒、転落事故防止マニュアル」より）

3．社会環境の変化

　わが国では長い間、高齢者や障がい者などに対する福祉サービスを公的、私的にかかわらず「措置制度」の一環として捉えてきた歴史があります。つまり、家族などは自分たちでは手に負えないので、やむなく施設や専門家に介護を委ねるという意識があり、その裏には"介護してもらっている、面倒を掛けている"というある種の負い目のようなものもありました。

　しかしながら、2000年5月に「改正社会福祉事業法（後に「社会福祉法」に改正）」が成立し、「契約」のもとに利用者が事業者と対等な関係を持つようになりました。

　同じ時期（2000年4月）に導入された「介護保険制度」と併せて、介護福祉事業者は利用者による選別の対象となりました。

　つまり、「措置」から「契約」へと流れが変化したことで、福祉サービスの世界にも市場原理が浸透してきたわけです。このことは、"消費者の権利意識"の強まりが、新たな"企業リスク"にもつながることを示唆しています。

【参考】利用者にケガをさせた場合に問われる主な責任
・『民法』安全配慮義務違反
　※危険の予測ができるのに、その回避措置を怠って事故を起こすと、過失として損害賠償責任が問われる。
・『刑法』業務上傷害致死傷

第2章 KYTのすすめ

1. KYTの生い立ち

　わが国では1972年（昭和47年）に労働者の安全と健康をまもるための法律として「労働安全衛生法」が制定されました。翌1973年（昭和48年）には、国や産業界をあげて"労働災害ゼロ、安全の先取り、全員参加"をスローガンとした"ゼロ災運動"がスタートしました。

　その中で、1974年（昭和49年）に働く人の危険に対する感受性を高める手法として誕生したのがKYT（危険予知訓練）です。これは、当時安全成績の低迷する大手製鉄会社の労務部門の幹部が、欧米安全衛生視察団の一員として訪れた企業の会議室に掲示されていた1枚のイラストシート※にヒントを得て、帰国後全社をあげて教育・訓練の仕組みづくりに取り組んだ結果です。

※バイクで直進中、前方に乗用車が停止しており、対向車も接近してくる。その時バイクの運転者にとってどんな危険があるかを考えさせる内容のイラスト

　さらに、1977年（昭和52年）には旧国鉄で生まれた"指差呼称"（（3）指差呼称との合体で詳述）とドッキングした"新KYT"として生産現場や建設現場などを中心に発展・普及してきました。最近では図に示すようにリスクマネジメントの取り組みの一環として、医療や介護の現場にも導入されてきています。

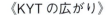

《KYTの広がり》

2. KYTって何？

(1) 災害（ケガ）の原因のほとんどは"人の不安全な行動"

　災害の原因を調べてみると、人の不安全な行動に関わるものが96.9％を占めています（図表2-1の①＋②）。KY活動はこの不安全行動に着目して進める災害の未然防止活動であり、その手法を習得する訓練がKYTです。

63

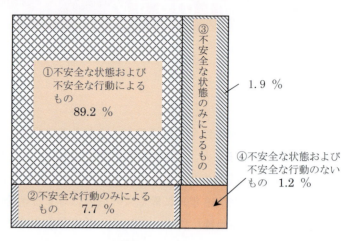

図表2-1　災害発生の比率
（出所：安全衛生情報センター「平成19年労働災害原因要素の分析」）

人が不安全な行動をしてしまう背景には図表2-2に示すような原因があります。

図表2-2　不安全行動の原因

人間特性	①人間の能力ではできないという「無理な相談」、「できない相談」 　例えば暗くて見えない、騒々しくて聞こえないなど ②取り違い、勘違い、考え違いなどの判断の「錯誤」、「誤判断」 ③ウッカリ、ボンヤリの見間違えなど ④思い込み
教育・訓練不足	安全な作業の進め方に関する教育・訓練不足
ルール違反	決められたルールを守らないなど近道反応、省略行為

(2) KYTの意味とそのねらい

　作業現場の状態や作業の状況を描いたKYT教材シート（イラストや写真）を使って、現場の状態や作業行為に潜在している危険（エラーや事故が起きる可能性）を予知（予測）する訓練のことです。この訓練を重ねることで、まだ起きていないエラーや事故発生の可能性を察知し事前に防止する手立てを講じられる能力を身につけることがねらいです。
　危険予知訓練（KYT）では、個々の事例ごとの危険要因や対策を学ぶというよりも、危険が潜んでいることに自ら気づくようになることが重要です。
　危険予知能力が育てば、各自の持ち場や日々の業務の中で、危険要因に配慮した仕事のやり方や事故防止策を自然に行えるようになります。また、日常業務のポイント、ポイントで（たとえば移動車両への案内、カルテの確認、洗髪時の湯温調整や姿勢を決めるとき、など）、危険予知（予見）をすることで危険の回避をすることができるようになります。

(3) KYT のもう一つの効用

KYT の副次的効用として「KY で、"時間の余裕" に代わる "心の余裕" づくり」があります。
つまり "現場作業は時間に追われる"
　→そして "時間の余裕の無さがミス（ケガ）を誘発する"
　　→ならば "時間の余裕の無さをカバーする方法は？"
　　　→そこで "危険をイメージ（KY）して想定外の事態を少なくする"
　　　　→その結果 "心の余裕ができる"
　　　　　→それにより "突発事態にも冷静に対処可能となる"
　　　　　　→結果として "余裕を持った現場作業" が出来て
　　　　　　　→ "安全・安心・快適なサービスが確保" され
　　　　　　　　→ " 顧客満足 " につながる
ということになります。

3．指差呼称との合体

"KYT の生い立ち" で述べたようにそれまでの KYT（旧 KYT）に "指差呼称" を加え
てさらに効果を上げたのが新 KYT です。ここでは、その指差呼称の内容と効果について触
れてみましょう。

指差呼称は、人間の意識レベルをクリアーな状態にギア・チェンジし、集中力を高めるこ
とで、ヒューマン・エラー事故防止につながる極めて有効な手法です。

具体的な指差呼称のやり方と効果について次の図およびグラフに示します。

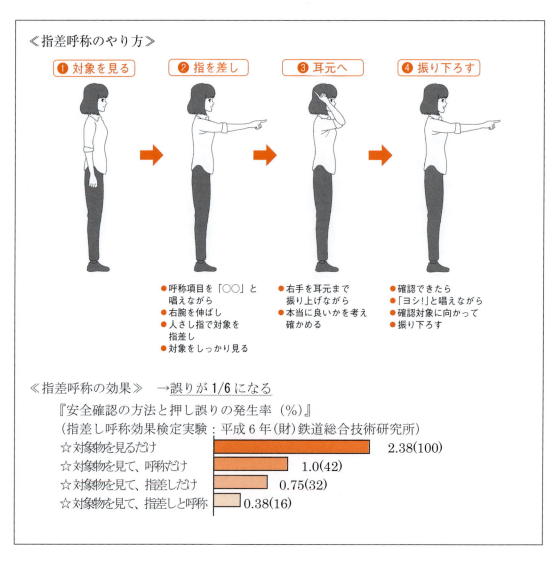

≪指差呼称のやり方≫
① 対象を見る → ② 指を差し → ③ 耳元へ → ④ 振り下ろす

- 呼称項目を「○○」と唱えながら
- 右腕を伸ばし
- 人さし指で対象を指差し
- 対象をしっかり見る

- 右手を耳元まで振り上げながら
- 本当に良いかを考え確かめる

- 確認できたら
- 「ヨシ!」と唱えながら
- 確認対象に向かって振り下ろす

≪指差呼称の効果≫　→誤りが 1/6 になる
『安全確認の方法と押し誤りの発生率（％）』
（指差し呼称効果検定実験：平成6年(財)鉄道総合技術研究所）
☆対象物を見るだけ　　　　　　2.38(100)
☆対象物を見て、呼称だけ　　　1.0(42)
☆対象物を見て、指差しだけ　　0.75(32)
☆対象物を見て、指差しと呼称　0.38(16)

ガスの元栓締めヨシ！

chapter 3

第3章 KYT の活かし方

1. KYT と KYK

　「KYT」とは前述のように Kiken Yochi Training（危険予知訓練）のことです。一方、「KYK」とは Kiken Yochi Katudou（危険予知活動）のことです。

　KYT によって潜在する危険に対する "気づきの感性" を身につけて、実際の作業に活かす行動が KYK ということです。

　KYT は訓練だから一度経験すればよい、というものではありません。職場の KY 活動を高いレベルで維持しようとすれば、当然そのための日々の、要所要所での継続的なトレーニングが必要となります。逆に、日々の KY 活動それ自体が "気づきの感性" を研ぎ澄ますための KYT ともいえます。つまり、KYT と KYK は明確に区別できるものではなく、むしろ両者は一体のものであるといえます。

2. KY 活動のいろいろ

　何に対して、いつ、どこで、誰が、どのようにやるのか、現場の作業の実態に合わせて KY はさまざまな形で活かされています。

○何に対して（想定作業）
　—定常作業（いつもどおりの作業⇒「慣れた作業でもしっかり KY！」）
　—非定常作業（いつもとは異なる状況下（お客様自身や訪問先の特性）での作業）

○いつ
　—作業開始前
　—作業中
　—作業終了時

○誰が
　—作業指示者が
　—チームで（5〜6人で、2〜3人で）
　—一人で

○どのように
　—時間をかけて（30分以上）
　—10〜15分で
　—3〜5分で
　—ごく短時間に（1分）

次に、「チームレベル KY の」と、実際の現場に則した活用技法のひとつである「一人レベルの KY」について説明します。

3．チームレベルの KY

チームレベルの KYT にも、第 5 章で学ぶ「4 ラウンド法」（これが KYT の基本となるもので、5〜6 人で行います。）のほかに、現場到着時、作業開始時、作業中、作業終了時など、その時、その場に則して、チームで短時間に KY の充実した話し合いをする方法があります。これらは、「少人数短時間 KY」と呼ばれ、いくつかの手法が製造業や建設業などの産業界や医療・福祉分野で実践されていますが、いずれも"みんなで、はやく、正しく"危険予知をする工夫がされています。

4．一人レベルの KY

本書では KY の基本手法である 4 ラウンド法を学びますが、実際の現場を想定した場合、最終的には一人ひとりが単独で KY をしたり、自問自答してチェックしたりして安全を確認することが必要になります。自分で危険を予知し自分の行動の正確性、安全性をしっかりと確認する、これが KY 活動の仕上げといえます。チームで KY の基本を身につけ危険予知の感性を高めた上で、個々人が理美容サービスの現場に活かして、はじめて本物の KY 活動といえるでしょう。

第4章 KYTをはじめる前に

1．本書の使い方

　本書は福祉・理美容師の皆様が、無理なく効率的に「危険予知訓練」が行えるように、第5章に最も基本的な"4ラウンド法"についてのやり方の解説を、第6章に福祉・理美容サービスの現場でよく見られる情景をイラストにまとめています。イラストを見て、グループで問題点を出し合い、原因や対策などを話し合っていただきます。

2．ポイントはどこか？

　グループで話し合いを行う際、方向性を誤らないように、以下の点に注意してください。

①「間違い探し」ではない
　各イラストは、事故が起きそうな問題点をいくつか含んでいます。ただし、どのイラストにいくつ問題点があるか、について話し合うことが目的ではありません。イラストから思い浮かぶ「危険」を出し合って、危険の本質について、お互い納得し合うことが目的です。そこからさらに対策や目標を設定していきます。

②答えは限りなし
　想像力を働かせれば、危険は無数に存在しているといえます。そのため、「正解」はありません。言い換えれば「正解」は無数にあるといえます。重要なポイントは、気づいた「危険」について積極的に意見を出し合うことです。その中で特に危険と思われるもの、見落としてしまいそうなものなどを、グループで討議して絞り込んでいくようにします。

③場面設定の説明は最小限
　各イラストには場面の説明がありますが、説明は最小限にとどめています。例えば、「車いすのブレーキが掛かっていない」、「お客様が立ち上がろうとしている」などの説明は一切ありません。それは、話し合いのなかで「もし、このお客様が立ち上がったら危ないね」といったように、登場人物や器具・設備面などの状況に関しても、深く踏み込んで討議していただきたいからです。

④危険予知訓練の基本形"4ラウンド法"
　本書では危険予知の基本を理解・修得していただくために、危険予知訓練の基本型である

"4ラウンド法"についてのみ解説しています。危険予知訓練には、このほかにも第3章.3にある「少人数短時間KY」の訓練手法としての「ワンポイントKYT」や、4に説明のある「一人KY」の訓練のための「一人KYT」、「自問自答カードKYT」などの発展型がありますが、すべての基本は"4ラウンド法"です。

【解説】

①「ワンポイントKYT」とは；

　この後の第5章で解説のあるKYT4ラウンド法のうち、第2ラウンド、第4ラウンドをワンポイントに絞り込む短時間で行うKYTで、すべて口頭で行います。人数は2～4人の少人数で行いますが、その分、話し合いへの参加密度が高まり、また話し合いの時間も2～3分で終わることが出来ます。

②「一人KYT」とは；

　一人ひとりの危険に対する感受性の向上を図るために行うKYTです。一人ひとり（リーダーを除く）が同時に、共通のシートで、4ラウンドKYTを短時間で行ったあと、その結果をリーダーの司会で発表し合い、お互いにコメントをし合うことによって自己啓発を図ることをねらいとするものです。

③「自問自答カードKYT」とは；

　一人ひとりが「自問自答カード」※のチェック項目を声を出して自問自答しながら、危険要因を発見把握する一人KYTです。

　※「自問自答カード」とは；

　　職場で過去に発生した災害やヒヤリハット事故を事故の型別でとらえ、頻度の高いものや強度の高いものを5～7項目選んでカード化します。安全上のチェック項目だけでなく、品質（施術内容、マナーなど）や生産（精算確認など）上のチェック項目を加えるのもよいでしょう。

自問自答カード（例）
1．はさまれないか
2．切れ、こすれないか
3．巻き込まれないか
4．落ちないか、転ばないか
5．やけどしないか
6．腰を痛めないか
7．感電しないか
8．その他ないか

　ここで、本書のねらいを簡潔にまとめると以下のようになります。

①福祉・理美容師の方々一人ひとりの危険予知の感度を高め、危険の要因（「危険の芽」と言われています。）の発見と事前の対処が自然にできるようになること

②危険の要因を関係者間で共有し、共同して対策の構築や目標の設定ができるようになること

③要因分析力を向上させること

3．本音で本気に話し合う

　KYT 4ラウンド法では、「グループ討議」による話し合いと意見出しが大変重要です。そしてグループ討議を実のあるものにするためには"本音で本気に話し合う"ことがポイントとなります。そして、それをするための有効な方法として、「ブレーンストーミング」と呼ばれるものがあります。

(1) ブレーンストーミングとは

　ブレーン（Brain ＝頭脳）・ストーミング（Storming ＝嵐のような）とは、「眠れる脳みそを嵐のようにゆり動かせて、自由奔放にアイデアを引き出す」ということです。

　集団（小グループ）によるアイデア発想法の一つで、会議の参加メンバー各自が自由奔放にアイデアを出し合い、互いの発想の異質さを利用して、連想を行うことによりさらに多数のアイデアを生み出そうという集団思考法・発想法のことです。省略して、「ブレスト」「BS」などといわれることもあります。

　参加人数に制限はありませんが5〜7名程度が好ましく、多くても10名以下が望ましいでしょう。望ましい参加者を以下に示します。

　・対象となる問題に取り組んでいるプロジェクトメンバーで、実績のある人
　・プロジェクト外の人間であるが、対象の問題に知見のある人

　なお、ブレーンストーミングを進めるにあたっては、リーダー（司会進行役）、アイデアの記録係り、アイデア出しをする参加者等役割を決めて行いますが、業務上の職制とは関係なく選任するようにします。

(2) ブレーンストーミング4つのルール

　ブレーンストーミングを行う際には次のようなルールがあります。

①質より量（量を重視する）

　　アイデア創出の段階では、質よりも量を重視する。一般的な考え方・アイデアはもちろん、一般的でなく新規性のある考え方・アイデアまで、あらゆる提案を歓迎する。

②批判厳禁（批評・批判をしない）

　　多くのアイデアが出揃うまでは、各個人のアイデアに対して、批評・批判や意見することは慎む。個々のメリット・デメリットなどの評価は、ブレーンストーミングの次の段階で行う。とにかく自由に意見が出せる場づくりが基本です。

③自由奔放（奔放な考えを歓迎する）

　　誰もが思いつきそうなアイデアよりも、奇抜な考え方や、ユニークで斬新なアイデアを重視する。

④結合改善（アイデアを結合し発展させる）

他人のアイデアをくっつけたり、一部を変化させたりすることで、新たなアイデアを生み出していく。この過程こそが、ブレーンストーミングの最大のメリットである。

（3）本音の話し合い方4原則

　ブレーンストーミングの4原則を理解した上で次に紹介する「本音の話し合い方4原則」を活用してください。

　①本音でワイワイ話し合う（リラックス）
　②本音でドンドン話し合う（ナマ情報）　　　量を出す。
　③本音でグングン話し合う（短時間）
　④なるほどソウダコレダと合意する（コンセンサス）…質の高いものを絞り込む。

（4）話し合いのやり方

　①リーダー1名、記録者1名を決め、そのテーマについての意見を全員から出させる。（本音を掴む）
　②テーマは具体的なものを選び、模造紙等を使いアイデアを次々に書き込んでいく。
　③類似性のあるものをまとめて、問題解決に重要なものを残し、そうでないものを落としていく。
　④残ったものから効果が大きく、早期に実現可能なものを残して解決策とする。

4．話し合いを活かす

　理美容サービスの中にKYTを取り入れる"こころ"とは、「お客様にケガをさせない」「自分もケガをしない」と同時に「仲間の安全は仲間で守ろう」というチームワークによる自発的・自主的な安全意識高揚を目指すことにあります。

　そして、その"こころ"は訓練を通じて、実際にみんなで話し合い知恵を出し合ってこそ分かるもの、実感するものです。一人でマニュアルを読むだけでは、一人分の知恵だけでしかありません。グループ討議の方法であるブレーンストーミングの実施要領にも述べられているように個々の意見が刺激しあって化学反応して新たなアイデアが生まれ、それが個々のメンバーにフィードバックされることでさらなる安全意識の高揚につながるのです。

《補足》グループ討議に慣れていないメンバーにとって最初はなかなか発言できないかもしれません。そのような場合には、リーダーが前記のブレーンストーミングのルールを説明・理解させて気楽に討議に加われるような雰囲気を作ります。また、場合によっては、テーマを事前に知らせるなど時間的余裕を与えることで、考えをまとめアイデアを持ち寄りやすくするのもひとつの方法でしょう。

第5章 KYT（4ラウンド法）の進め方

　イラストシートに描かれた状況の中に「どんな危険がひそんでいるか」を、職場のメンバーで話し合います。話し合い（グループ討議）以下の4つの段階（ラウンド）を経て進めてください。

＜準備作業＞

- ○グループ編成　1組5～6人程度。
- ○役割分担　　　司会（リーダー）、書記、レポート係、必要によっては(注1)発表者。
- ○準備物　　　　イラストシート、危険予知訓練記入シート、筆記用具、必要によっては(注1)模造紙、マジック。
- ○時間配分　　　予め各ラウンドに何分かけるか決めておく（初回の目安は各ラウンド15分程度、全体で1時間程度）。
- ○注意点　　　　「第2章2.(2)"KYTの意味とそのねらい"」の内容を全員理解する。気楽な雰囲気で行う。発言は積極的に。細部にこだわった議論の応酬はしない。

＜4ラウンド法の進め方＞

1R	現状把握 どんな危険が潜んでいるか	リーダーが状況を読み上げます。 「危険要因」と引き起こされる「想定される事故」を全員で挙げていきましょう。 「～なので～になる」、「～して～になる」、 「～なので～して～になる」 　　　　　　　　　　　　　　　目安5項目以上
2R	本質追求 これが危険のポイントだ	(1) 1Rで出された中で特に危険な項目　→　○印 (2) ○印項目の中からさらに重要な項目　→　◎印 　　　◎印の項目が「危険のポイント」 　　　　　　　　　　　　　　　2項目程度
3R	対策樹立 あなたならどうする	◎印の項目に対する具体的で実行可能な対策を挙げる。 　→各3項目程度 　　　　　　　　　　　　　　　合計5～7項目程度
4R	目標設定 私達はこうする	(1) 3Rで出された中で特に重要な対策　→　※印 　　※印の対策が「重点実施項目」 (2) 重点実施項目からグループ行動目標を設定 〔備考〕グループ行動目標を全員で指差し唱和(注2)で確認することが望ましい。 　　リーダー「グループ行動目標！～を～して～しよう ヨシ！」→全員「～を～して～しよう ヨシ！」

(注1) ＜グループ発表を行う場合＞
　「危険予知訓練記入シート」の様式にならって摸造紙にメンバーの発言や討議結果をマジックで書きこむ。発表は、◎印の「危険のポイント」、※印の「重点実施項目」および「グループ行動目標」を中心に、結論に至るグループ討議経過も含めて説明する。なお、摸造紙の記入および発表者はあらかじめ決めておく。
(注2)「指差し唱和」
　全員で対象（ここでは紙に書いたグループ行動目標）を指差し、唱和確認することにより、全員の気持ちを一致させ、重点項目を全身で知り行動するための行為。現場では、一人ひとりが安全で誤りのない行動をするために「指差し呼称」（対象物を見て、指差して"ブレーキ ヨシ！"、"立ち位置 ヨシ！"と声を出して確認する。）をすることで、意識が正常になり誤りを防げる。

＜進行上のポイント＞

(1) イラストの中のスタッフになりきって考える。
(2)「危険要因」と「想定される事故」の組み合わせで危険を表現する。
　　「～なので～して」（要因） ＋ 「～になる」（想定事故）
(3)「想定される事故」は「事故の型」で表現する。
　・事故の型で言い切る。

> ≪事故の型（例）≫
> 落ちる、ころぶ（転倒する）、ぶつかる、頭を打つ、はさまれる、巻き込まれる、手を切る、やけどをする、のどをつまらせる、おぼれる　etc.

　・「～してケガをする」といった漠然とした表現や「～かも知れない」、「～の危険性がある」といった曖昧な表現は避ける。
(4) 危険要因は「なぜ」の繰り返しで掘り下げる
　　（例）おばあさんがポットからお茶を汲もうとしている。
　　　　　床がぬれている。（右のイラスト参照）
　　①「すべってころぶ」という危険が思い浮かぶ
　　②なぜ「すべるか」→「床がぬれているので、すべってころぶ」
　　③なぜ「床がぬれているのか」
　　　→「こぼれたお茶をそのままにしておいたので、床がぬれていて、すべってころぶ」
　　　このアンダーラインのところが「危険要因」である。

(5)「危険要因」を具体的に表現する
　　メンバー同士が状況を共有化するために、具体的に表現する

　　｛無理な姿勢なので～　　　　｛中腰で持っているので～
　　｛不安定なので～　　　｛つま先で立っているので～

(6)「危険要因」を前向き、肯定的な表現につなげる
　　車椅子のブレーキを掛けていないので〜
　　ベルトを固定していないので〜
　　前方を注意していないので〜

このように、思い浮かべた対象を否定的にとらえただけでは、危険要因の中身が見えてこない。そこで以下の視点まで掘り下げて表現する。
　　車椅子のブレーキを掛けておらず、車椅子が動いてしまうので〜
　　ベルトを固定していないため、身体がずり落ちてしまうので〜
　　前方を注意していないため、段差につまずいてしまうので〜

KYT（4ラウンド法）の進め方を理解できましたか？

ポイントは、ブレーンストーミング4つの原則を守って、本音で本気に話し合うことですね！

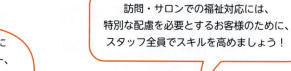

第6章 KYTのモデルとシート記載例

　それでは、具体的な訓練の進め方のイメージをつかんでいただくために、「シャンプー」のシーンのイラストをもとに、危険予知訓練を4ラウンド法に従って進めていきます。
　各ラウンドごとに「危険予知訓練記入シート」をどのように記載していけばよいのか、ラウンドを追いながら説明します。

＜イラスト事例＞　「シャンプー」のシーン

〔状況〕
あなたはバックシャンプーをしています。

＜危険予知訓練のモデル＞

第1ラウンド

（どんな危険が潜んでいるか）

　潜在危険を発見・予知し、危険要因とその要因によって引き起こされる現象を想定します。危険予知訓練記入シートの上段に想定される事故形態をグループメンバー全員で挙げて、その全てを記入します。欄内に収まらない場合は別紙に記入します。

（シート記入例）

○ ◎	No.	危険要因と想定される事故を記入
	1	〔スタッフA〕床が水（薬液）で濡れているので、滑って転倒する。
	2	〔スタッフA〕お客様の首を支えていないので、首が曲がりすぎて痛める。
	3	〔スタッフA〕お客様の顔にシャワーがかかってしまい、驚いて暴れ車いすからずり落ちる。
	4	〔スタッフB〕車いすのブレーキが掛かっていないので、車いすが動いてお客様が指をはさむ。
	5	〔スタッフB〕車いすのフットサポートが上がったままなので、お客様がずり落ちる（前のめりに倒れる）。
	6	〔スタッフB〕お客様から目が離れているので、突然立ち上がり転倒する。
	7	

第2ラウンド

（これが危険のポイントだ）

　発見した危険のうち、重要と思われる危険についてシートの左欄に○印を付します。さらに絞り込んで、特に重要と思われる危険のポイントについては◎印を付します。

（シート記入例）

○ ◎	No.	危険要因と想定される事故を記入
	1	〔スタッフA〕床が水（薬液）で濡れているので、滑って転倒する。
◎	2	〔スタッフA〕お客様の首を支えていないので、首が曲がりすぎて痛める。
○	3	〔スタッフA〕お客様の顔にシャワーがかかってしまい、驚いて暴れ車いすからずり落ちる。
◎	4	〔スタッフB〕車いすのブレーキが掛かっていないので、車いすが動いてお客様が指をはさむ。
	5	〔スタッフB〕車いすのフットサポートが上がったままなので、お客様がずり落ちる（前のめりに倒れる）。
○	6	〔スタッフB〕お客様から目が離れているので、突然立ち上がり転倒する。
	7	

第3ラウンド

（あなたならどうする）

特に重要と思われる危険のポイント◎印の危険を解決するために、具体的で実行可能な対応策を考えます。各◎ごとに、グループ討議のなかで挙げられた対応策全てをシート下段に記入します。書ききれない場合は、別紙に記入します。

（シート記入例）

	※	No.	対応策を記入	グループ行動目標
◎ No. 2		1	別のスタッフに首を支えてもらう。	
		2	タオルなどのクッションで首を支える。	
		3	クッションを入れてから声かけをして具合を確認する。	
		4		
◎ No. 4		1	車いすのブレーキが掛かっていることを確認する（指差呼称）。	
		2	お客様の手・足の動きに目配りをする。	
		3	声掛けをして平常心を保たせる（安心させる）。	
		4		

第4ラウンド

（私たちはこうする）

挙げられた対応策のなかで、各◎ごとに重点実施項目を絞り込み※印を付します。さらに、その重点実施項目を実践するためのグループ行動目標を設定し、右欄に記入します。

（シート記入例）

	※	No.	対応策を記入	グループ行動目標
◎ No. 2		1	別のスタッフに首を支えてもらう。	
		2	タオルなどのクッションで首を支える。	「シャンプーは、姿勢に注意、待機利用者への声掛け・目配りも忘れずに！」
	※	3	クッションを入れてから声かけをして具合を確認する。	
		4		
◎ No. 4		1	車いすのブレーキが掛かっていることを確認する（指差呼称）。	
	※	2	お客様の手・足の動きに目配りをする。	
		3	声掛けをして平常心を保たせる（安心させる）。	
		4		

第7章 KYT４ラウンド法演習

さあ、それでは危険予知訓練をはじめましょう！！

グループ討議役割分担表

グループ名 _____　　幹事 _____

	A	B	C	D	E	F	G
氏名							

	人数	リーダー	書記	レポート係	発表者	コメント係	メンバー
討議（1）	5	A	B	C	D	E	―
	6	A	B	C	D	E	F
	7	A	B	C	D	E	F、G
討議（2）	5	B	C	D	E	A	―
	6	B	C	D	E	F	A
	7	B	C	D	E	F	A、G
討議（3）	5	C	D	E	A	B	―
	6	C	D	E	F	A	B
	7	C	D	E	F	G	A、B

【役割】　リーダー：ミーティングまたは実技のまとめをする。
　　　　　書　　記：メンバーの発言を模造紙に書く。
　　　　　レポート係：模造紙に記入した内容をレポート用紙に転記する。
　　　　　発　表　者：交換発表、全体発表の際に、グループでまとめた事項を発表する。
　　　　　コメント係：交換発表の際、相手グループの発表に対してコメントする。
　　　　　メンバー：ミーティングまたは実技に参加する。

■使用するイラストシート…「添付１」
■使用する記入シート　　…「添付２」
■模造紙の書き方　　　　…「添付３」

添付1A

《施設内施術》
どんな危険がひそんでいるか

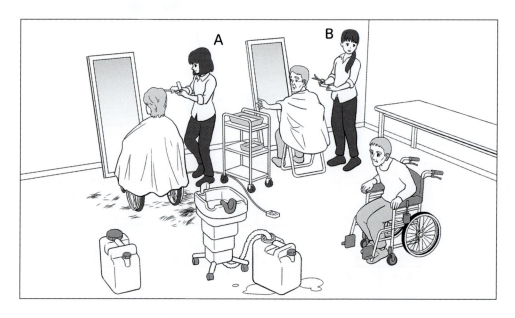

〔状況〕
あなたは施設の中で施術をしています。

添付1B

《リフトアップ中》
どんな危険がひそんでいるか

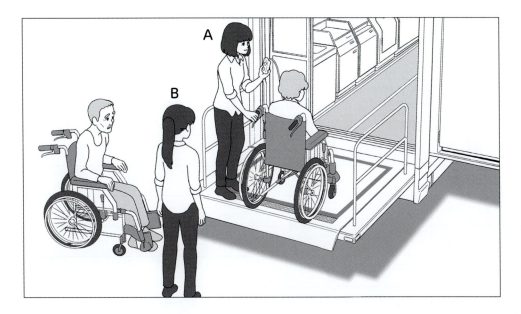

〔状況〕
あなたは車いすのお客様を乗せたリフトを上昇させています。

添付2

シートNo.	危険予知訓練記入シート	実施日 ___ ・ ___ ・ ___

実施場所＿＿＿＿＿＿＿＿＿＿＿＿＿

グループNo.	グループ名	リーダー	書記	レポート係	発表者	その他のメンバー

第1R（どんな危険が潜んでいるか）潜在危険を発見・予知し、危険要因とその要因によってひきおこる現象を想定する。
第2R（これが危険のポイントだ）発見した危険のうち重要危険に○印。更に絞り込んで特に重要と思われる危険のポイントに◎印。

○ ◎	No.	危険要因と現象（事故の型）を想定して（〜なので〜して〜になる）というように書く。
	1	
	2	
	3	
	4	
	5	
	6	
	7	
	8	

第3R（あなたならどうする）危険のポイント◎印を解決するための具体的で実行可能な対策を考える。
第4R（私達はこうする）重点実施項目を絞り込み※印。更にそれを実践するためのグループ行動目標を設定する。

◎印のNo.	※	No.	対応策を記入	グループ行動目標
		1		
		2		
		3		
		4		
		1		
		2		
		3		
		4		

添付3

模造紙の書き方

シートNo. _____　　グループ名（またはNo.）_____

1 R、2 R

  1　〜なので〜して〜なる

②　〜〜・・・〜〜・・・

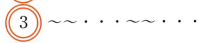③　〜〜・・・〜〜・・・

  4

  5

  6

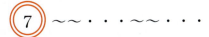⑦　〜〜・・・〜〜・・・

3 R、4 R

  3 − 1　・・・〜する　　　　　※7 − 1　・・・〜する
※　− 2　・・・〜・・・　　　　　　　− 2　・・・〜・・・
    − 3　・・・〜・・・　　　　　　　− 3　・・・〜・・・

チーム行動目標

  〜する時は〜を〜して〜しよう　ヨシ！

　　〜　・・・ヨシ！

第8章 イラストシート集

1．イラストシート

（1）病院・施設（院内・施設内サロン）における場面
（2）在宅における場面
（3）移動理美容車における場面
（4）ベッドサイドにおける場面
（5）感染対策のための場面
（6）理容室・美容室における場面
（7）フットケアにおける場面
（8）運転における場面

> 危険予知訓練(KYT)のイラストは、
> 主人公一人が基本です。
> 本イラストにはAさん、Bさん、Cさん、と
> 複数のスタッフが描かれている場面があります。
> A・B・Cさんの立場になって考えて下さい！

> 福祉・理美容は、
> チームでの活動が
> 多いからですね。

1-1　病院・施設訪問の想定…車内から荷物おろし
「どんな危険がひそんでいるか」

〔状況〕
あなたは病院（施設）に到着後同僚と二人で車から荷物をおろしています。

1-2　病院・施設訪問の想定…荷物搬入
「どんな危険がひそんでいるか」

〔状況〕
あなたは施設の中に荷物を運びこんでいます。

1-3　病院・施設訪問の想定…施設内施術
「どんな危険がひそんでいるか」

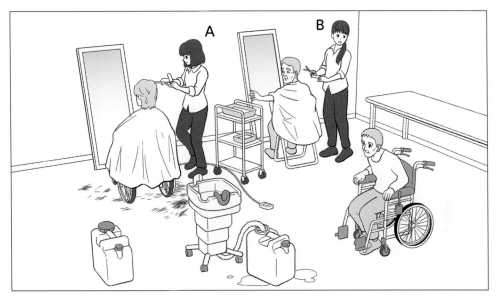

〔状況〕
あなたは施設の中で施術を行っています。

1-4　病院・施設訪問の想定…浴室の洗い場でのシャンプー
「どんな危険がひそんでいるか」

〔状況〕
あなたは浴室の洗い場でシャンプーの準備をしています。

1-5　病院・施設の想定…後片付け
「どんな危険がひそんでいるか」

〔状況〕
あなたは施設での仕事を終えて、後片付けをしています。

1-6　病院・施設（施設内サロン）の想定…点滴台を付けて施術
「どんな危険がひそんでいるか」

〔状況〕
あなたは点滴台を付けたお客様の髪を切っています。

1-7　病院・施設（施設内サロン）の想定…バックシャンプー
「どんな危険がひそんでいるか」

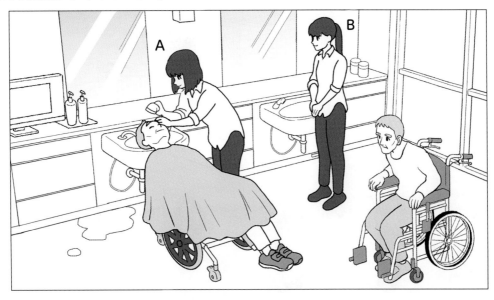

〔状況〕
あなたはバックシャンプーをしています。

1-8　病院・施設（施設内サロン）の想定…シャンプー中
「どんな危険がひそんでいるか」

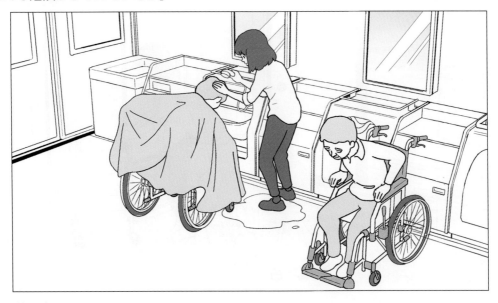

〔状況〕
あなたは車内でシャンプーをしています。

2－1　在宅の想定…玄関前での荷物おろし
「どんな危険がひそんでいるか」

〔状況〕
あなたは個人のお宅の玄関前で車から荷物をおろしています。

2－2　在宅の想定…室内での施術
「どんな危険がひそんでいるか」

〔状況〕
あなたは個人のお宅を訪問し施術の準備をしています。

2-3　在宅の想定…室内でのシャンプー
「どんな危険がひそんでいるか」

〔状況〕
あなたは個人のお宅を訪問してシャンプーをしています。

3-1　移動理美容車の想定…施設での駐車
「どんな危険がひそんでいるか」

〔状況〕
雨の日にスタッフが誘導し、移動車を施設前に設置しています。

3-2　移動理美容車の想定…移動介助
「どんな危険がひそんでいるか」

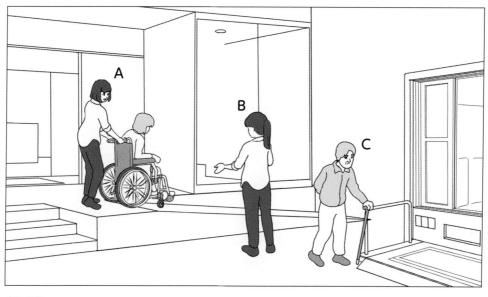

〔状況〕
あなたはお客様を車いすに乗せてスロープを下りようとしています。

3-3　移動理美容車の想定…リフトアップ中
「どんな危険がひそんでいるか」

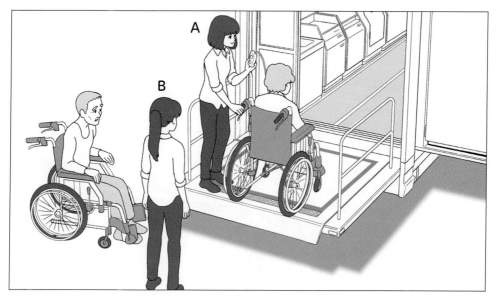

〔状況〕
あなたは車いすのお客様を乗せたリフトを上昇させています。

3-4　移動理美容車の想定…棚から荷物を取る
「どんな危険がひそんでいるか」

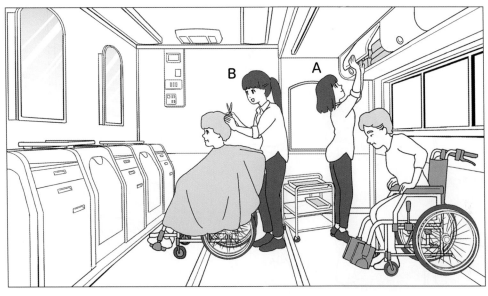

〔状況〕
　知的障がい者施設にて、あなたは上の棚から物を取り出そうとしています。

3-5　移動理美容車の想定…車内点滴台付のお客様他
「どんな危険がひそんでいるか」

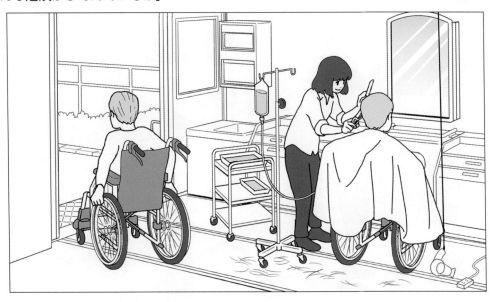

〔状況〕
　あなたは車内でお客様の髪を切っています。

4-1　ベッドサイドの想定…ベッド上での施術
「どんな危険がひそんでいるか」

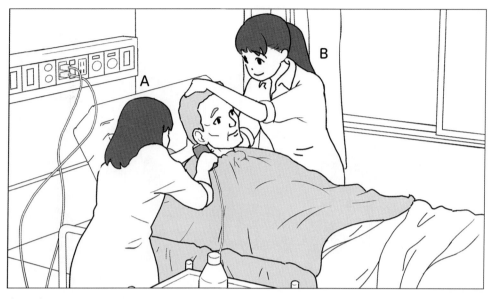

〔状況〕
あなたはベッドサイドで補助スタッフと共に施術をしています。

4-2　ベッドサイドの想定…ベッド上部シャンプー
「どんな危険がひそんでいるか」

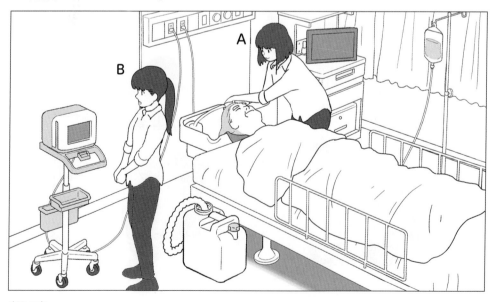

〔状況〕
あなたはベッド上部で補助スタッフと共にお客様のシャンプーをしています。

4－3　ベッドサイドの想定…ベッドサイドシャンプー
「どんな危険がひそんでいるか」

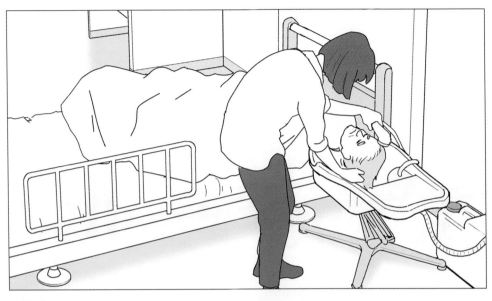

〔状況〕
あなたはベッドサイドの横側でシャンプーをしています。

5－1　感染対策の想定…病院内施術
「どんな危険がひそんでいるか」

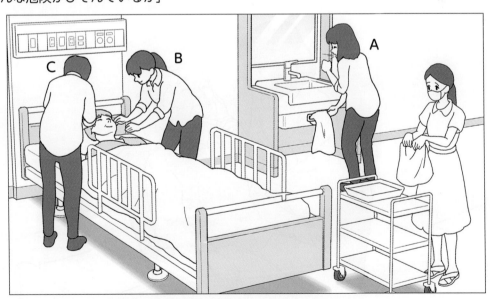

〔状況〕
あなたは二人の同僚と共に病室に入って施術をしています。

5-2　感染対策の想定…嘔吐物を拭く
「どんな危険がひそんでいるか」

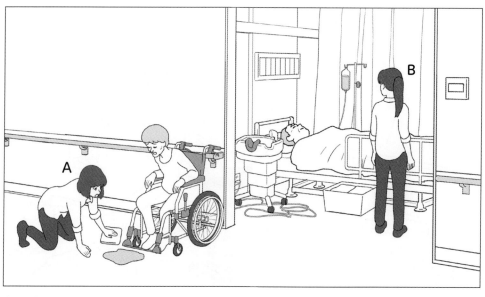

〔状況〕
　あなたは病室で施術中、他のお客様が廊下に嘔吐してしまいました。

5-3　感染対策の想定…病院内施術　顔そり
「どんな危険がひそんでいるか」

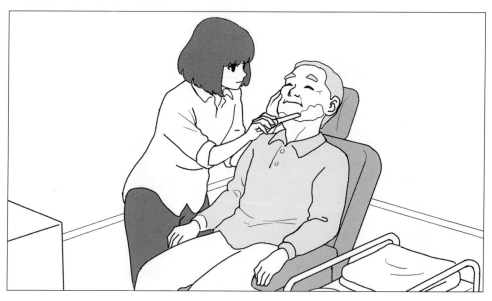

〔状況〕
　あなたはお客様の顔を剃っています。

5－4　感染対策の想定…ベッドでの準備
「どんな危険がひそんでいるか」

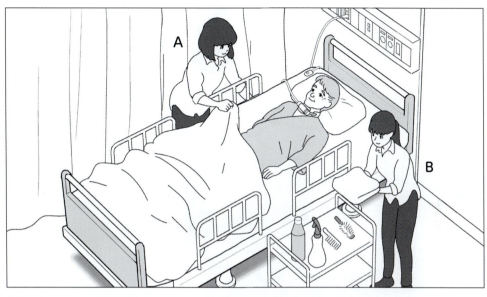

〔状況〕
あなたは気管カニューレを装着したお客様に施術をする準備をしています。
※気管カニューレとは…気管切開後の気道確保、気道分泌物の吸引などのために使用する。

5－5　感染対策の想定…移動理美容車内
「どんな危険がひそんでいるか」

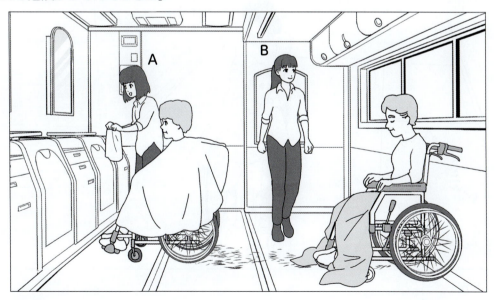

〔状況〕
お客様はアタマジラミの方です。

6-1　理容室・美容室の想定…咳エチケット
「どんな危険がひそんでいるか」

〔状況〕
あなたは風邪気味のまま施術をしています。

6-2　理容室・美容室の想定…店外への送迎
「どんな危険がひそんでいるか」

〔状況〕
あなたは車いすを押してお客様をお送りしています。

6-3　理容室・美容室の想定…歩行介助
「どんな危険がひそんでいるか」

〔状況〕
あなたは杖のお客様をご案内しています。

6-4　理容室・美容室の想定…シルバーカー介助
「どんな危険がひそんでいるか」

〔状況〕
あなたはシルバーカーの方を美容いすに座らせようとしています。

6-5　理容室・美容室の想定…移乗介助
「どんな危険がひそんでいるか」

〔状況〕
あなたは車いすのお客様を美容いすに移乗させようとしています。

6-6　理容室・美容室の想定…移乗介助
「どんな危険がひそんでいるか」

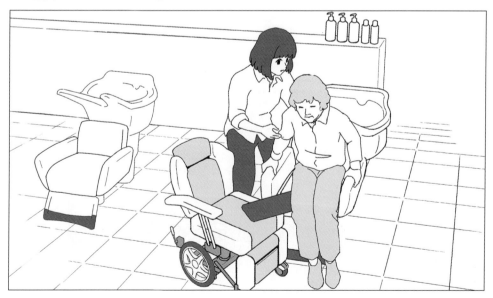

〔状況〕
あなたはお客様を移乗ボードを使って美容車いすに移乗させようとしています。

7－1　フットケアの想定…足浴
「どんな危険がひそんでいるか」

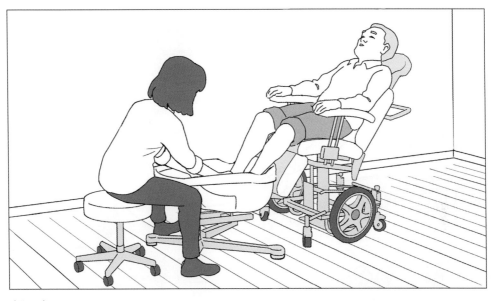

〔状況〕
あなたは足浴をしています。

7－2　フットケアの想定…マッサージ・保湿
「どんな危険がひそんでいるか」

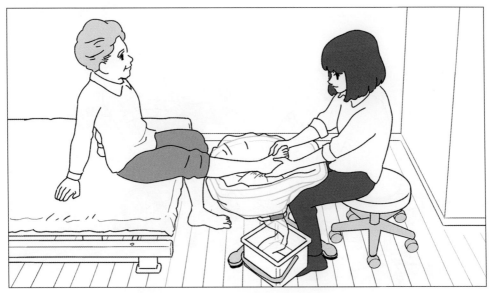

〔状況〕
あなたはマッサージと保湿をしています。

7-3　フットケアの想定…爪切り
「どんな危険がひそんでいるか」

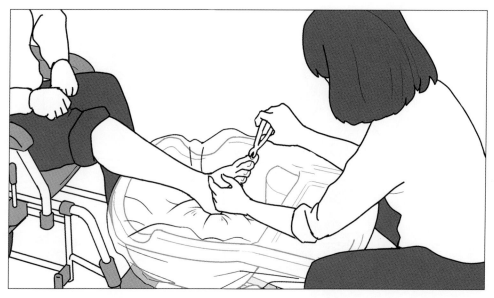

〔状況〕
あなたは爪切りをしています。

7-4　フットケアの想定…角質除去
「どんな危険がひそんでいるか」

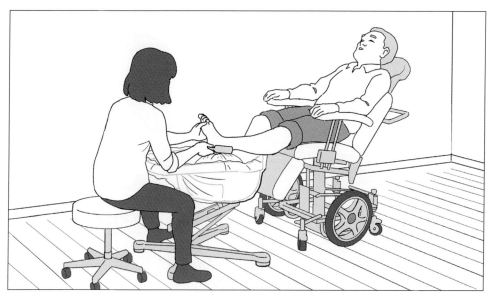

〔状況〕
あなたは角質除去をしています。

8-1　運転の想定…狭い路地左折
「どんな危険がひそんでいるか」

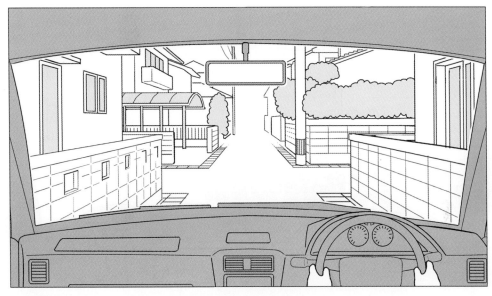

〔状況〕
　あなたは人影のない裏道の信号のない交差点を左折しようとしています。

8-2　運転の想定…大通りの交差点左折
「どんな危険がひそんでいるか」

〔状況〕
　あなたは大通りの交差点を左折しようとしています。

8-3　運転の想定…バス追い越し
「どんな危険がひそんでいるか」

〔状況〕
あなたはバス停に停車しているバスを追い越そうとしています。

8-4　運転の想定…携帯電話着信
「どんな危険がひそんでいるか」

〔状況〕
あなたが車を運転中、かばんの中の携帯電話の着信音が鳴りだしました。

2．各イラストシートのポイント

できる限りこの表を見ずにグループ討議を行ってください。

このシートは各イラストの危険要因と予想される事故例をまとめています。これらは、「解答」ではなく、検討する上での一例とお考えください。

No.	危険要因	予想される事故
1－1	①開けっ放しのワゴン車の後部扉 ②スタッフ同士の立ち話 ③通路に置きっ放しの台車 ④台車に接近する歩行者 ⑤ロックのかかっていないシャンプー台 ⑥ロックの掛かっていない台車	①スタッフA、Bや歩行者Cが開いたワゴン車の扉に顔を打ちつける。 ②スタッフAの荷物の持ち方が弱く、手から滑り落ち足に落下する。 ③④歩行者Cが台車につまずき転倒する。 ⑤シャンプー台が傾斜面を自走し、スタッフや歩行者に激突する。 ⑥台車が傾斜面を自走し、スタッフや歩行者に激突する。
1－2	〔スタッフA〕 ①視界をさえぎる高さの荷物運搬 ②前方の段差や障害物 ③床に置きっ放しの荷物（段ボール箱） 〔スタッフB、C〕 ④スタッフ同士の立ち話	〔スタッフA〕 ①入所者Eと出会い頭に激突する。 ①②視界が悪く、段差につまずき転倒する。 ①②③転倒時に荷物を放り投げお客様Dに当る。 ③車いすの入所者が激突する。 〔スタッフB、C〕 ④a入所者の動きに気付かず入所者Dが床上の荷物に激突する。 ④bスタッフAに入所者Eの動きを伝えられずAとEが激突する。
1－3	〔スタッフA〕 ①床上の電気コード、テーブルタップ ②満水状態の廃水受けポリタンク 〔スタッフB〕 ③ワゴンに手を伸ばすお客様 ④順番待ちのお客様に気を取られているスタッフ 〔順番待ちのお客様〕 ⑤ブレーキの掛っていない車いす ⑥フットサポートが上がったままの車いす ⑦お客様が突然立ち上がる。	〔スタッフA〕 ①a電気コードに足を取られて転倒する。 ①b車いす移動時にテーブルタップに乗り上げて車いすごと転倒する。 ②廃水があふれて床にこぼれ、滑って転倒する。 〔スタッフB〕 ③お客様が施術道具に触れて手を切る。 ④お客様がバランスを崩して車いすごと転倒する。 〔順番待ちのお客様〕 ⑤a車いすが動いてお客様が車輪に指をはさむ。 ⑤b車いすを前進させ、シャンプー台につかまって転倒する。 ⑥お客様が車いすからずり落ちる、転倒する。 ⑦こぼれた水ですべる。
1－4	①床の水濡れ ②タイル上でのシャンプー施術 ③不安定な車いすでの前洗い（シャンプー施術）	①シャンプー剤が混合した水で滑って転倒する。 ②お客様の支えるものがない為、前のめりに転倒する。 ③お客様の足がシャンプークロスを踏み込み、つんのめり転倒する。

No.	危険要因	予想される事故
1−5	①雑然と置かれた荷物 ②床上に引き回された掃除機のコード ③コードが少ししか引き出されていないドラム式コードリール ④立ち話に夢中のスタッフ ⑤部屋に残っているお客様 ⑥立て掛けられた鏡	①荷物に気を取られ、コードを踏んで滑ったり、足に引っ掛けて転倒する。 ②車いすのお客様がコードに乗り上げバランスを崩して転倒する。 ③aドラム式コードリールにつまずいて転倒する。 ③bドラム式コードリールからコードを完全に出していないので蓄熱され発火する。 ④⑤車いすのお客様が荷物に激突する。 ⑥鏡が滑り落ち、割れた破片がお客様やスタッフに向かって飛び散り、顔や身体を切る。
1−6	①カット中のお客様の近くに置かれた点滴台、点滴チューブ ②周囲に気を取られてよそ見をしているスタッフ ③点滴台、点滴チューブを背にして施術するスタッフ	①aお客様またはスタッフが手で引っ掛けて点滴チューブを抜いてしまう。 ①bお客様及びスタッフが点滴台を蹴り倒す ①cスタッフがハサミで点滴チューブを傷つける ①dお客様が点滴チューブを腕から抜いてしまう ②a点滴の残量がなくなる ②bスタッフが点滴台に足を引っ掛ける ③点滴台を押し倒す。点滴チューブを引っ掛けて抜いてしまう。
1−7	〔スタッフA〕 ①床の水（薬液）濡れ ②お客様の首の支え方（角度、方向） ③バックシャンプー 〔スタッフB〕 ④ブレーキの掛っていない車いす ⑤フットサポートが上がったままの車いす ⑥お客様から目が離れている。	〔スタッフA〕 ①滑って転倒する。 ②首を無理な角度、方向で支えてお客様に苦痛を与える。 ③お客様の顔にシャワーがかかって驚いて暴れる。 〔スタッフB〕 ④車いすが動いてお客様が車輪に指をはさむ。 ⑤お客様が車いすからずり落ちる、前のめりに倒れる。 ⑥お客様が突然立ち上がり転倒する。
1−8	①床の水（薬液）濡れ ②空き過ぎたお客様と洗面台の間隔 ③ブレーキの掛っていない車いす ④順番待ちのお客様から目が離れている。 ⑤順番待ちのお客様が突然立ち上がる。	①滑って転倒する。 ②お客様が前のめりに倒れて洗面台に顔面をぶつける。 ③車いすが動いてお客様が車輪に指をはさむ。 ④⑤お客様が車いすからずり落ちる、転倒する。
2−1	①路上に置きっ放しの台車、荷物 ②台車、荷物に接近する歩行者 ③スタッフ同士の立ち話 ④開けっ放しのワゴン車の後部扉 ⑤曲がり角際に止められたワゴン車	①台車が道路方向に逸走して歩行者に激突する。 ②歩行者が荷物につまずき転倒する。 ③周囲に目が届かず、台車の逸走や、放置された荷物に歩行者が激突する。 ④スタッフが開いたワゴン車の扉に顔を打ちつける。 ⑤ワゴン車の存在を想定していなかった一般車が右折しようとして衝突する。

No.	危険要因	予想される事故
2-2	①部屋の入口の段差 ②ブレーキの掛っていない車いす ③床上の電気コード ④めくれたビニールシート ⑤一人作業（施術）	①荷物の搬入時にスタッフが段差につまずいて転倒する。お客様が車いす移動時に段差で転倒する。 ②お客様が、車いすの車輪に手をはさむ。 ③スタッフが電気コードに足を引っ掛けて転倒する。 ④スタッフがめくれたビニールシートに足を引っ掛けて転倒する。 ⑤aお客様が、車いすからずり落ちる、転倒する。 ⑤bお客様が突然立ち上がり転倒する。
2-3	①立て掛けられた鏡 ②シートにこぼれたシャンプーの廃水 ③床上に放置されたドライヤー	①鏡が滑り落ち、割れた破片がお客様やスタッフに向かって飛び散り、顔や身体を切る。 ②スタッフが濡れたシートで滑って転倒する。 ③aスタッフが電気コードに足を引っ掛けて転倒する。 ③bドライヤーが水に濡れてスタッフが感電する。
3-1	〔スタッフA〕 ①低い施設の軒高さ ②トラックの後ろに気を取られている。 ③傘で施設の軒が見えていない。 ④移動車に背を向けた立ち位置 〔スタッフB〕 ⑤バックモニターのみによる後方確認 ⑥窓を閉めたままでのバック運転	〔スタッフA〕 ①左側に寄せすぎて、施設の軒に移動車の屋根部がぶつかる。 ②③バックしすぎて車両の屋根が施設の軒にぶつかる。 ④車の接近に気付かず激突される。 〔スタッフB〕 ⑤バックモニターでは上部は見えないため、軒にぶつかる。 ⑥窓を閉めているので、スタッフAの誘導が聞こえず軒にぶつかる。
3-2	〔スタッフA〕 ①柵がないスロープ ②スタッフBとの話に気を取られている。 ③傾斜が急な下りのスロープを前進走行 〔スタッフB〕 ④スタッフAとの話に気を取られている。 ⑤お客様に背中を向けた立ち位置	〔スタッフA〕 ①スロープの端から車いすが脱輪し、転落する。 ②スロープの端で足を踏み外し、転落する。 ③aうっかりして車いすから手が離れ、車いすが逸走する。 ③b急な下りスロープの為お客様が前のめり又はずり落ちる。 〔スタッフB〕 ④⑤お客様Cがリフトにつまずき転倒する。
3-3	〔スタッフA〕 ①安全枠の外に足を置いている。 ②リフトの安全バーがセットされていない。 ③リフトの手すり近くに車いすをセット ④ブレーキの掛っていない車いす ⑤フットサポートが上がったままの車いす ⑥リフト停止時の衝撃（振動）	〔スタッフA〕 ①リフトから足を踏み外して転落する。 ②リフトから車いすが逸走、転落する。 ③お客様が手すりに手を伸ばし、車いすからずり落ちる。 ④ブレーキの掛っていない車いすが逸走・転落する。 ⑤お客様が車いすからずり落ちる。 ⑥お客様が驚いてパニックに陥る。

No.	危険要因	予想される事故
3-3	〔スタッフB〕 ⑦担当のお客様から目が離れている。 ⑧ブレーキの掛っていない車いす ⑨フットサポートが上がったままの車いす	〔スタッフB〕 ⑦お客様が車いすを操作して、逸走、転倒する。 ⑧お客様が車いすのタイヤに指を巻き込む。 ⑨お客様が車いすからずり落ちる。
3-4	①物を詰め込みすぎた上部ロッカー ②お客様をカバーする位置に立っていない。 ③背後にワゴン ④お客様から目が離れている。 ⑤ブレーキの掛っていない車いす ⑥車いすから立ち上がろうとしているお客様 ⑦フットサポートが上がったままの車いす	①②不用意に扉を開け、中の物が落下してスタッフまたは車いすのお客様に激突する。 ③aワゴンにぶつかりバランスを崩して背後に転倒する。 ③bワゴンにぶつかりバランスを崩してスタッフBにぶつかり、反動でスタッフAが施術ミス（頭や手にハサミ（カミソリ）が当り切創）をする。 ④お客様が車いすからずり落ちる、転倒する。 ⑤車いすが動いてお客様が車輪に指をはさむ。 ⑥⑦お客様が立ち上がって前のめりに転倒し顔面を強打する。
3-5	①ブレーキの掛っていない車いす ②点滴セットから目が離れている。 ③床上に放置された電気コード、テーブルタップ ④お客様が突然立ち上がる。 ⑤床上に散乱した髪の毛 ⑥開けっ放しの出入口扉 ⑦上まで上がっていないリフト	①車いすが動いて点滴セットを倒す。 ②ハサミ（カミソリ）が触れて点滴チューブを傷つける。 ③スタッフがコード、テーブルタップに引っ掛かり転倒。車いす移動時に引っ掛けたり、乗り上げて転倒する。 ④お客様の頭や手にハサミ（カミソリ）が当り切創する。 ⑤清潔さを損ない、お客様に不快感を与える。 ⑥⑦車いすのお客様が出入口から転落する。
4-1	①aお客様の首の支え方（角度、方向） 　bギャッチアップの角度 　c背中へのクッションの入れ方 ②顔や襟足のイボやデキモノ ③呼吸器の管 ④コンセントからの電源プラグの取り外し	①abc首を無理な角度、方向で支えてお客様に苦痛を与える。 ②気付かずバリカンやカミソリを入れてしまい切創を負わせる。 ③施術中に呼吸器の管をふさいでしまう。 ④施術修了時にバリカンのプラグとベッドのプラグを間違えて抜いてしまう。
4-2	①お客様の首の支え方（角度、方向） ②点滴のチューブ ③給排水容器	①首を無理な角度、方向で支えてお客様に苦痛を与える。 ②施術中に点滴のスタンドを倒してしまう、チューブを抜いてしまう、破損してしまう。 ③a排水管が容器から外れて床を濡らし、スタッフが滑って転倒する。 ③bスタッフBが給排水容器につまずき水を床にこぼし、滑って転倒する。 ③cスタッフBが給排水容器にぶつかり転倒する。

No.	危険要因	予想される事故
4-3	①頭と肩の支え方（角度、方向） ②低すぎるシャンプー台 ③シャンプーに気を取られる ④シャンプー台に頭・体を引きあげる動作	①頭を無理な角度、方向で支えてお客様に苦痛を与える ②a 身体がベッドから落ちる。 ②b お客様の体の曲がり、体の硬直が起きる。 ③お客様の無理な姿勢に気付かず苦痛を与える。 ④無理な体勢が拘縮を誘発する。
5-1	①咳き込んでいるスタッフA ②スタッフ全員マスク着用なし。 ③タオル・ケープの共用	①スタッフAが感染症を院内に持ち込み拡散させる。 ②Aから感染症をうつされたスタッフB、Cが、お客様にうつしてしまう。 ③タオル・ケープを共用することで感染の拡大を助長する。
5-2	〔スタッフA〕 ①ブレーキの掛っていない車いす ②お客様が突然立ち上がる。 ③嘔吐物を横拭き ④マスク、手袋の着用なし 〔スタッフB〕 ⑤床上を這い回る電気コード ⑥マスク、手袋の着用なし	〔スタッフA〕 ①a お客様が、車いすからずり落ちる、転倒する。 ①b お客様が、車いすの車輪に手をはさむ。 ②お客様が前のめりに転倒し顔面を強打する。 ③拭き残しにより滑りやすい廊下で、歩行者が滑って転倒する。 ④a 嘔吐物を経由した感染症にかかる。 ④b お客様に感染症をうつしてしまう。 〔スタッフB〕 ⑤a 電気コードに足を引っ掛けて転倒する。 ⑤b シャンプー台移動時にコードがからまり転倒しシャンプー台に激突する。 ⑥a 嘔吐物を経由した感染症にかかる。 ⑥b お客様に感染症をうつしてしまう。
5-3	①マスク、手袋の着用なし ②カミソリ施術中 ③お客様が自由に動ける状態	①飛沫感染によりお客様から感染症をうつされる。 ②お客様が突然顔を動かし（立ち上がり）カミソリの刃で顔を切ってしまう。 ③首の角度が合っていなくて、嚥下（えんげ）してしまう。
5-4	①ブランケットの着脱行為（掛ける、外す）	①a 気管カニューレに触れて位置がずれてしまい、呼吸困難に陥る。 ①b 気管カニューレにつながったチューブに触れ、接続部が外れてしまい、呼吸困難に陥る。
5-5	①散乱する刈り毛 ②ずり落ちているひざ掛け ③手袋の着用なし ④くし・ブラシの共用	①②落ちたアタマジラミがずり落ちたひざ掛けを整えた際に移動し感染する。 ③手袋を着用しない事で手指を通して他のお客様・スタッフへアタマジラミが感染する。 ④くし・ブラシを消毒せずに共用する事でお客様へアタマジラミが感染する。
6-1	①施術中に出てしまう咳 ②マスク不使用 ③手を洗浄せずに周りのものに触れる	①咳をした瞬間ハサミなどを持つ手元が狂いお客様の身体（頭）を切ってしまう。 ①②咳によりウイルス等が飛散してお客様に感染する。 ③ウイルス等が付着した手で髪の毛やハサミを触ることで擦り付けて拡散する。

No.	危険要因	予想される事故
6-2	①フットサポート（足置台）が上がったままの車いす ②車輪の横に垂れ下がったお客様の手 ③右方向に身を乗り出しそうなお客様	①a 右の足を車いすの下に巻き込む。 ①b 左の足が足置台から落ちる。 ②手を車輪に巻き込む。 ③a お客様が前向きに転倒する。 ③b 車いすのバランスが崩れて転倒し頭を打つ。
6-3	①杖を持っている側に立つスタッフ ②足元の電気コード	①a 麻痺している右側へ転倒する。 ①b お客様が体重をかけた杖をスタッフが蹴り飛ばし転倒させてしまう。 ②コードに杖や足が引っかかり転倒する。
6-4	①ブレーキのないシルバーカー ②お客様の足元に接近した美容いすの足置き台 ③不適切な美容いすのあてがい	①シルバーカーが前方に動き、お客様が前のめりに転倒する。 ②お客様が足置台に引っかかり転倒する。 ③お客様が美容いすの先端からずり落ちて腰を強打する。
6-5	①無理な体勢で美容いすに移乗しようとするお客様 ②離れている車いすと美容いす ③ブレーキの掛かっていない美容車いす	①掴んだ手が離れて（滑って）転倒する。 ①②美容いすを引っ張り、動いて転倒する。 ②美容いすの足置台に引っかかり転倒する。 ③車いすが突然後方に動いてお客様が前のめりに転倒する。
6-6	①滑りやすい移乗ボード ②浅く設置された移乗ボード ③ブレーキの掛かっていない車いす	①お尻の下に滑るボードがあることで前方にずり落ちる。 ②移乗ボードの引っかかる部分が浅くて滑落する。 ③美容車いすが後方に動いてお客様がずり落ちる。
7-1	①湯の温度未確認 ②洗面器の使いまわし ③素手での施術 ④理美容スタッフによる傷の洗浄	①熱すぎるお湯でのやけど ②水平感染、水虫などが人から人へ移る ③同上 ④禁止されている医療行為に抵触する。 【注記】傷の洗浄は創傷処置という医療行為に相当する。医療職にあるものが、医師の監督下など一定の条件で行うことは認められているが、理美容師が行った場合には罪に問われることがある。
7-2	①強すぎるマッサージ ②本人にとって初めて使用する保湿クリーム ③素手での施術	①皮下出血、皮膚剥離 ②接触性皮膚炎の発生 ③水平感染、水虫などが人から人へうつる。
7-3	①不適切な爪の切り方 ②素手の施術	①a 爪が縦割れする。 ①b 爪角の切り残しが皮膚に刺さり痛みに繋がり出血や化膿する。 ①c 深爪により変形した爪が皮膚を刺して膿んだり、出血する。 ①d お客様の足指皮膚を切傷する。 ①e 爪切りで自分の指を切る。 ②水平感染、水虫などが人から人へうつる。

No.	危険要因	予想される事故
7−4	①角質の削りすぎ ②グラインダーの操作ミス ③素手の施術 ④飛散する角質粉	①お客様の皮膚損傷、出血 ②グラインダーが皮膚の上をすべって正常皮膚に当たり皮膚損傷、出血 ③水平感染、水虫などが人から人へうつる ④お客様、スタッフが（角質の）粉塵を吸い込む
8−1	①塀に囲まれカーブミラーもない交差点 ②側方（サイドミラー）未確認 ③昼下がりの通学路 ④左折の方向指示出し忘れ ⑤前方不注意	①左折路から飛び出してきた自転車と衝突する。 ②対向車が来たので避けようと車を左に寄せた時、左側方を走ってきた自転車を巻き込む。 ③左折路から飛び出してきた下校中の児童にぶつかる。 ④左側方をすり抜けようとしたバイクに接触する。 ⑤入る道を確認しようと左折方向を見ながら走っていて、右から飛び出してきた自転車（バイク）と衝突する。
8−2	①交差点中央に右折車 ②左後方にバイク接近中 ③横断歩道を渡ろうとしている歩行者 ④後続車接近	①右折する対向車と衝突する。 ②左後方の確認を忘れて左折し、バイクを巻き込む。 ③右折する対向車に気を取られて横断中の歩行者をはねる。 ④対向車が右折してきたので急停車した際、後続車が追突してくる。
8−3	①片側一車線の道路 ②前方視界不良 ③バスに隠れて見えない信号機 ④横断歩道で待っている歩行者 ⑤後続車	①バスを追い越そうとしたとき、バスが急に発進し右に寄られて接触する。 ②aバスの陰で対向車が見えず、対向車と衝突する。 ②bバスから降りた人が、バスの前方から飛び出してきてはねる。 ③④バスを追い越したら目の前の信号機が赤で、青信号で横断歩道を渡り出した歩行者をひいてしまう。 ⑤追い越そうとして右に寄ったとき、バスが発進したので、急ブレーキを踏んで後続車に追突される。
8−4	①走行中の車 ②カバンの中で着信音が鳴っている携帯電話 ③前方に車両 ④後続車あり ⑤シートベルト未着用	①②カバンに手を伸ばしハンドル操作を誤り、対向車線にはみ出して対向車とぶつかる。 ③着信音に気を取られ、前方の車に追突する。 ④前方の車に接近しすぎてあわてて急ブレーキを踏み後続車に追突される。 ⑤衝突（追突）したときに、身体が車外に投げ出される。

113

【「一般社団法人 日本福祉理美容安全協会®」の活動紹介】

　日本の急速な高齢率の上昇は世界中のどの国も経験のない状況ですが、本協会会員は人口構造や生活環境の変化を予測、いち早く福祉・理美容の対応策として"移動車・訪問・店舗"による高齢者や障がいのある方への技術・サービス提供を行ってまいりました。

　お客様と理美容師双方を守るをモットーに、安全・衛生の重要性と医療・介護・福祉施設および在宅での家族との連携、安心・信頼していただける業務の提供を大切にしています。

　危険予知訓練（KYT）、ヒヤリハットおよびクレーム報告による業務の改善、理美容における介助や感染対策等の研修を実施し、「安全・衛生」を基本に、美を通じて「心のケア」につながる業務・サービスの提供と"地域包括ケアの時代"に対応できる"安全・安心・快適"な福祉・理美容を啓発し普及を目指しているのが「日本福祉理美容安全協会®」です。

【協会研修会活動】

(1) 危険予知訓練（KYT）研修／ヒヤリハット報告研修の様子
　　福祉・理美容、リスクの低減～業務改善策などを学ぶ

(2) 幹部トレーナー研修
　　集合写真

(3) 衛生管理・感染対策研修の様子
　　防御具装着の実践・標準予防策・衛生管理・ディスポの必要性などを学ぶ

(4) 福祉・理美容（訪問先・サロン内）の技術・サービス実践研修の様子
　　車椅子やベッド上での技術／歩行介助～美容いすやシャンプー台への移乗、技術の提供などを学ぶ

 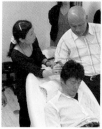  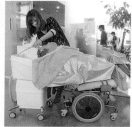

【社会貢献活動】

　東日本大震災後、東北の方々の力になりたい、少しでも寄り添いたいとの想いは、全国と地元の理美容師有志、全国の参同企業・団体・個人の大連携となり28被災地で約700名の被災された方々へ理美容の提供を行うことができました。その後、訪問理美容の志を共にする同志により「日本福祉理美容安全協会®」が発会しました。

　熊本・大分地震においても、理美容技術で被災地の方々に「癒しとリフレッシュ」の提供をしたいと考えて「シャンプーキャラバン隊」を結成。避難生活による疲れた身体や心のケアに少しでも繋がればとシャンプーや肩もみ、ハンドやネイルケアなどに注力し、心をこめて提供をさせていただきました。

　活動は、熊本のNPO団体や地元や他県の理美容師有志、美容学校等延べ38名の連合体に発展して220名以上の避難所の方々へ提供することができました。

　活動を行う上では、作業開始前に当協会が推奨する感染対策や安全対策に関しての相互理解を深め、周知・徹底を行い「安全・安心・衛生的」に活動を終えることができました。

　改めてご支援、ご協力をいただきました全ての方々に心よりお礼申し上げます。

(1) 東日本大震災での活動（地元東北と全国の理美容師約60名による被災者への理美容提供支援。）

(2) 熊本震災での活動（2018年4月16日 熊本市より感謝状をいただきました。）

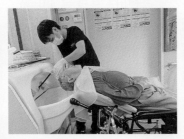

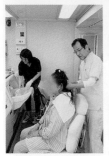

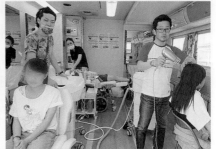

一般社団法人 日本福祉理美容安全協会® ：WBS®
会員名簿（敬称略、五十音順）

赤津　章世	東京都	岡本　順子	山口県	河野　弘和	大分県
浅川やすこ	山口県	岡本　千鶴	大分県	河村　由香	岐阜県
荒木　礼子	東京都	小川　純子	東京都	小峰しのぶ	東京都
有賀貴美子	愛知県	奥田　絵美	福井県	小宮　悦子	東京都
安立　英雅	東京都	押切　由里	東京都	今野　七菜	東京都
飯野美恵子	東京都	小日向孝子	埼玉県	才津　孝代	福岡県
生田目佳幸	東京都	角谷　千晴	大分県	坂井　昌代	大分県
伊藤　静子	東京都	掛橋　理則	岐阜県	佐古みどり	山口県
伊藤　孝子	岐阜県	加嶋　忍	大分県	佐藤　英彦	東京都
伊藤　利子	東京都	片岡　朱実	東京都	篠田日登美	東京都
伊藤　智子	東京都	葛城　優子	大分県	清水久美子	埼玉県
伊藤　友行	愛知県	加藤　愛子	岐阜県	霜鳥　紀子	山口県
稲田　絹江	埼玉県	加藤　美香	岐阜県	新藤　絹江	東京都
入口　博恵	岐阜県	兼子　潤子	愛知県	新藤　康太	東京都
岩井ひとみ	岐阜県	川口佳代子	東京都	新藤　徳茂	東京都
岩佐　京子	東京都	河島かおる	岐阜県	進藤眞喜子	愛知県
岩渕　達也	埼玉県	川野　静	大分県	末永　里美	大分県
岩本　和代	福井県	神田　修	山口県	杉山美津代	大分県
上田　敏子	山口県	神田　真弓	山口県	鈴木　照江	東京都
内田　睦子	東京都	木内　洋子	東京都	鈴木　義純	東京都
梅根　伸也	福岡県	北原　明美	福井県	須田かおり	東京都
太田　律子	東京都	木宮　明美	東京都	須藤富美子	東京都
大鳥菜穂子	福井県	木村　和美	岐阜県	住石　大志	千葉県
大野有紀子	東京都	木村　智美	福岡県	清　一美	大分県
大森みち子	東京都	木村　直美	東京都	曽我　芳生	岐阜県
大屋真由子	岐阜県	木村　好孝	岐阜県	平良　邦行	静岡県
小笠原こずえ	埼玉県	清田由利子	東京都	高久　祐子	東京都
岡田奈央美	岐阜県	窪薗　綾	岐阜県	高嶋有紀子	東京都
小鹿野広子	東京都	黒河　優子	山口県	高鳥　直子	福井県

高橋　久代	東京都	中村　由理	山口県	水本　雅也	大分県
高橋　義之	東京都	中本　愛理	大分県	南　　照己	東京都
高橋　里依	愛知県	新川　希子	愛知県	宮下富美江	岐阜県
高林　美鈴	東京都	残　　雅絵	福井県	宮津　京子	埼玉県
高柳美代子	東京都	野村　依美	岐阜県	宮本ゆみ子	山口県
立木すみ子	大分県	萩田　好二	愛知県	宮脇　弥生	愛知県
瀧内　真弓	岐阜県	白村千奈美	岐阜県	村上くみ子	東京都
武井　裕亮	東京都	橋口佳代子	山口県	茂木　健一	東京都
竹下あい子	福井県	橋詰　真美	愛知県	望月　舞子	静岡県
竹山　智代	岐阜県	長谷川里美	山口県	森重　公恵	山口県
武山　博子	岐阜県	長谷川光邦	千葉県	森下　善栄	福井県
田崎　由美	大分県	濱本美和子	山口県	森田　悦史	大分県
田島　利行	埼玉県	林　　尚美	岐阜県	森田　重治	岐阜県
田中　　歩	東京都	東野伊都子	福井県	矢澤　元子	東京都
田中　江梨	岐阜県	東野　重樹	福井県	矢島賀郁子	東京都
田中　邦夫	東京都	廣　みち子	東京都	安江　利之	岐阜県
田中　晃一	大分県	福地　道昭	静岡県	山内　靖子	岐阜県
田中　貴美	大分県	藤元　　希	岐阜県	山口　俊文	大分県
段　　南帆	岐阜県	古川えつ子	山口県	山﨑　幸子	東京都
塚田　昌克	東京都	古谷　恵子	岐阜県	山田嘉津美	福井県
塚田由紀子	東京都	古見　哲也	岐阜県	山田　紀子	愛知県
津久田澄子	大分県	細川　涼子	埼玉県	山田　美紀	静岡県
土屋　和子	岐阜県	堀池　静香	静岡県	山田夕雨子	岐阜県
冨田　豊子	福井県	本郷笑美子	大分県	山田　葉子	山口県
中江美津代	東京都	益田由美代	岐阜県	山本　文子	福井県
長尾美喜子	岐阜県	松下由美子	愛知県	山本　恵子	茨城県
中嶋麻奈美	東京都	松橋　一代	愛知県	吉岡　若緒	東京都
中島　由佳	岐阜県	松原　昌美	岐阜県	吉野　春香	大分県
中原　洋子	東京都	松見　義孝	福岡県	米倉　絵里	岐阜県
中晴千恵美	大分県	松本　明美	大分県	渡邊　幸子	山口県
中村　幸代	大分県	松本　慶子	福岡県	渡部　幸絵	愛知県

おわりに

　歩行困難になったお客様の元へ祖母と訪問理容に行く道中に「なんで、あのおじいちゃんの家に髪切りに行くの？」とたずねました。その時の「あの方はこの山を越えてうちの店に長年来てくれていた。来られなくなったら、こちらから行くのは当たり前じゃない。」と言う祖母の言葉が私の福祉·理美容の原点です。

　18歳からボランティアカットを始めたのは理容師になったらどうしてもしたかった思いからです。しかし経営に携わるようになった頃ボランティア活動の限界を感じるとともに20年先の理美容業界と超高齢社会の見通しに不安を感じていました。

　人口構造や生活環境の変化を予測して"移動車・訪問・店舗"による高齢者や障がいのある方へ向けた福祉·理美容サービスの事業を立上げましたが、高齢化は、顧客だけでなく雇用する理美容師にも連動するとの気がかりがありました。その後国や県の支援を受けながら、福祉機器と理美容の安全・衛生（感染対策）や介助方法等の教材の研究開発へと事業展開をしてきたのは、福祉·理美容のリサーチ（国内～海外）を重ねるにつけ、世界に類のない日本の超高齢社会に対応するための理美容の専用機器や安全・衛生対策等の教材等がなかったからです。

・長く座れないためヘアーカラーやパーマをあきらめる方
・白髪が出てくると無言で髪を引き抜く方
・足が洗えない気持ち悪さ悩みを訴える方
・内容よりとにかく値段が安い方が良いと思っている周辺の方々
・アンケートにより有償でもサービスの内容や質を選んで頂いた施設
・他より安くして営業をとる方
・自分の髪を任せられる腕の良い美容師を選んでいると自慢したドイツの施設長
・世間話をしながら、ほのぼの髪を切ることを福祉·理美容と考えている方
・感染症の方やパーマやカラーをできない重度の障がいになると、「専門に任せる」と他の
　理美容師に仕事をふる方
・素手で施術をすることへの不安や手袋のディスポ化や衛生管理への認識の違い
　等々
長年の活動からさまざまな問題や悩み等を見聞きしてきました。『自分がされたくないことをお客様にしたくない。』ことを含めて、それら問題の解決をしたいとの思いが、機器や商品の開発と教材などの作成の原動力になりました。

福祉·理美容事業を開始した 2000 年に厚生労働省（当時、労働省）に働きかけたことにより「移動理美容車や出張理美容チームによる訪問理美容サービス」を福祉サービスまたは保健医療サービスに準ずるサービスとして指定いただいたことは、当時から 20 年後の超高齢社会を見据えたうえで訪問理美容の重要度の高さに理解をしてもらった結果です。

　これらの出来事が、危険予知訓練、業務改善、理美容介助や感染対策等の原作を作成した動機でした。

　この度、超高齢社会に対応する志の高い理美容師と福祉·理美容を必要とされるお客様に貢献できればと日本福祉理美容安全協会®メンバーと協議し、出版に至りました。

　福祉·理美容は、①施設や在宅等への訪問業務②サロンの福祉化による業務の提供、と大きく 2 つに分けられます。いずれも特別な配慮を必要とする高齢者や障がい者等へ対応するためには、お客様とスタッフを守るための安全衛生対策と腰痛防止等を考慮することが重要となります。

　安易な対応策や知識で「安全と衛生」が軽視されないこと、事業の継続と業界の若手理美容師にバトンを渡すためにも低価格競争にならないこと、超高齢社会の中で理美容師としての自負と業を提供し適正な評価を受けられる努力をすること…まだまだ、私たちには取り組むべき課題が残っています。

　国家資格を持つ理美容師が「安全と衛生」を基に、超高齢社会に良質な福祉·理美容を、自分らしい暮らしを最後まで送っていただくために「いつまでもキレイに」を提供するための教育の手引書として本書をご活用いただければ幸いです。

　最後に、本書の作成に関わりご支援ご鞭撻をいただきました全ての個人、団体の方に、心より感謝、お礼を申し上げます。

2018 年 5 月

田中　晃一

著者プロフィール

古澤　章良 （ふるさわ　あきら）
アルカス技術士＆労働安全コンサルタント事務所　代表

経　歴　1972年よりエンジニアリング会社において、各種プラントの設備計画・設計・建設および労働環境保全並びに環境マネジメント等の業務に従事。
1999年にリスクコンサルティング会社に転じ労働安全衛生に関するコンサルティング業務を担当。
2011年、アルカス技術士＆労働安全コンサルタント事務所を設立し、安全・安心な職場づくり・人づくり支援業務に従事、現在に至る。

資　格　労働安全コンサルタント　　技術士（環境部門）
衛生工学衛生管理者　　　　RSTトレーナー
安全衛生責任者教育講師　　KYTトレーナー　ほか

著　書　「実践リスクマネジメント」（共著）経済法令研究会
「福祉施設における危険予知訓練」（共著）筒井書房
「ヒヤリ・ハットを使って損失計算」労働新聞社　ほか

田中　晃一 （たなか　こういち）
有限会社ビューティフルライフ　代表取締役

経　歴　1999年〜訪問・福祉·理美容の全国リサーチを開始。移動理美容車などによる訪問理美容と福祉対応理美容サロンによる地域密着サービスを展開する。
2006年〜大分商工会議所（おおいたビジネスオブイヤー）、九州経済産業局（異分野連携新事業：新連携）の認定を受け、福祉機器や福祉·理美容の危険予知訓練（KYT）や介助、感染予防対策マニュアル等の研究開発を開始する。EU諸国の福祉美容の視察など海外へのリサーチを継続すると共に研究結果を、リハ工カンファレンスや環境感染学会、中央職業能力開発協会などで発表する。
2011年　東日本大震災後に開発機器を持参、被災地で理美容の提供に貢献する。
2013年　多機能車いすの研究開発チームは「ものづくり日本大賞」内閣総理大臣表彰 優秀賞と2014年地方発明表彰　特許庁長官奨励賞を受賞。
2018年　研究開発はウォッシュサポート（頭・手・足洗浄器）など医療・介護に係わる商品に発展。福祉·理美容の安全衛生対策等研修の提供を継続しておこない出版（現在）に至る。

資　格　理容師免許　管理理容師免許　職業訓練指導員　ほか

【書籍に関する表彰】

2010年　職業訓練教材コンクール
　　　　中央能力開発協会会長賞受賞
　　　　(職)大分県理容・美容テクニカルスクール　(株)インターリスク総研
　　　　『訪問理容師・美容師のための危険予知訓練マニュアル』

2011年　職業能力開発論文コンクール
　　　　高齢・障害・求職者雇用支援機構理事長賞受賞
　　　　(有)ビューティフルライフ　(職)大分県理容・美容テクニカルスクール
　　　　『理容師・美容師が、医療・介護等の現場で安全なサービスの提供を行うために
　　　　必要とする効果的な職業訓練への取組み』

原作 / リライト検討委員　（敬称略 順不動）

(有) ビューティフルライフ　田中　晃一

中晴千恵美　　葛城　優子　　杉山美津代　　坂井　昌代　　岡本　千鶴
山口　俊文　　河野　弘和

訪問理美容サービスは、福祉サービスまたは保健医療サービスに準ずるサービスです。「福祉・理美容ガイドブック」は、超高齢社会日本の理美容業界で福祉を志す方の手引きになればとの想いで作成しました。

「地域包括ケア」の時代を迎えた今、理美容師による社会的貢献と新たな役務(サービス)および事業として正当な評価を受けられることを願っています。

一知っておきたい 安全対策ー 福祉・理美容ガイドブック
"地域包括ケアの時代を迎えて"

発行日：2018 年 5 月 28 日

著　者：田中　晃一（有限会社 ビューティフルライフ）
　　　　古澤　章良（アルカス技術士 & 労働安全コンサルタント事務所）

監　修：一般社団法人 日本福祉理美容安全協会®

印　刷：小野高速印刷株式会社

　　　　〒870-0913　大分市松原町 2 丁目 1−6
　　　　TEL.097（558）3444　FAX.097（552）2301
　　　　http://www.ohp.co.jp

発行所：学術研究出版 / ブックウェイ

　　　　〒670-0933　姫路市平野町 62
　　　　TEL.079（222）5372　FAX.079（223）3523
　　　　http://bookway.jp

　　　　©Kouichi Tanaka, Akira Furusawa 2018, Printed in Japan
　　　　ISBN978-4-86584-323-1

日本福祉理美容安全協会、WBS、協会マークは、（一社）日本福祉理美容安全協会の
登録商標です。

＊乱丁本・落丁本は送料小社負担でお取り換えいたします。

本書のコピー、スキャン、デジタル化等の無断複製は著作権法上での例外を除き禁じら
れています。本書を代行業者等の第三者に依頼してスキャンやデジタル化することは、
たとえ個人や家庭内の利用でも一切認められておりません。